CATALOGUE DES ESTAMPES GRAVÉES D'APRÉS RUBENS.

Auquel on a joint l'Oeuvre de JORDAENS, & celle de VISSCHER.

Avec un secret pour blanchir les Estampes & en ôter les taches d'huile.

Par R. HECQUET, *Graveur.*

A PARIS,

Chez BRIASSON, Libraire, rue S. Jacques, à la Science.
CHARLES-ANTOINE JOMBERT, Libraire du Roi pour l'Artillerie & le Génie, rue Daupine, à l'Image N. D.

M. DCC. LI.

Avec Approbation & Privilége du Roi.

A MESSIRE MARC-RENÉ DE VOYER, MARQUIS D'ARGENSON,

Maréchal des Camps & Armées du Roi, Lieutenant Général de la Province d'Alsace, Gouverneur de Romorentin.

ONSIEUR,

L'Amour des Arts a été de tous tems le partage de l'Elévation. Cette

utile & noble passion, qui est autant l'effet d'un sentiment délicat, que d'un discernement exercé, semble être réservée aux grandes ames, aux hommes distingués par la naissance & le rang. Delà, l'émulation des Artistes, soutenus par leur protection, encouragés par leurs bienfaits.

Vous êtes, Monsieur, un de ces Amateurs éclairés, dont le goût seul contribue tant au progrès des Arts. Vous les faites déja refleurir dans un Ancien Etablissement que vos regards bienfaisans ont ranimé ; & comme ils vous doivent tous leurs hommages, j'ai crû que, n'en excluant aucun, le tribut du mien pourroit vous être agréable. Ce n'est qu'un Catalogue d'Estampes, mais les noms de Rubens, Jordaens & Visscher, *toujours in-*

téressans pour vous, lui donnent au moins quelque prix, & l'estime que vous faites des Originaux, est à coup sur un bon passeport pour la notice des Copies.

Je suis avec un très-profond respect,

MONSIEUR,

Votre très-humble & très-obéissant serviteur,
R. HECQUET.

AVERTISSEMENT.

LE Catalogue que je présente au Public, n'avoit d'abord été fait que pour mon usage particulier. En le donnant à l'impression, je céde aux instances qui m'ont été faites de le publier.

J'y donne une notice des plus belles Epreuves des Estampes gravées d'après *Rubens*, & j'entreprends de montrer à les discerner. Les soins que je me suis donnés depuis longtems pour rechercher ces Epreuves, & l'attention que j'ai apportée pour m'assurer de leur supériorité, m'ont mis en état de sçavoir distinguer celles qui sont dignes du choix des vrais Connoisseurs, de celles qu'ils doivent négliger. Je souhaite que les lumieres que j'ai pû acquérir en ce genre, soient assez sûres, pour servir de guide aux autres. Rien n'est plus aisé, même avec un certain discernement, que de se tromper sur cette matiere. Une planche peut être dans son plus beau, sans que les Epreuves en soient belles ; ce qui n'arrive que trop par la négligence ou le peu d'attention de l'Imprimeur. De la part de celui-ci, les belles Epreuves dépendent d'avoir bien aprêté son noir, & d'avoir essuyé la planche exactement, sans cependant l'essuyer ni trop, ni trop peu. Pour qualifier une Epreuve de *belle*, il faut que l'Estampe soit brillante, que les traits de la gravure soient bien nets, & qu'on voye les blancs du papier dans les plus grands noirs. On dit au contraire, qu'une Estampe est *boueuse*, quand on ne voit point les blancs du papier. Voilà ce qui fait juger ordinairement de la beauté d'une Estampe. Une planche bien retouchée peut avoir toutes ces qualités, mais ces marques ne suffisent pas pour s'assurer de la supériorité d'une Estampe; il y a une voye plus certaine, pour parvenir à cette connoissance. Je n'en sçai point d'autre, que de sçavoir discerner les marques distinctives du tems auquel chaque Estampe a été ou a dû être imprimée dans son plus beau. Cela demande une étude particuliere, il est vrai; mais, sans cette étude, il est presque impossible qu'on ne donne dans l'erreur. Il n'y a que la confrontation & le grand usage qui puissent faire discerner les qualités qui constituent une belle Epreuve.

Voici donc la voye que je conseillerois de tenir, non-seulement aux Amateurs, mais même aux Maîtres de l'Art. Ce seroit, avant que d'acheter des Estampes de quelque Maitre que ce soit, d'en voir les Oeuvres les plus complettes, & les mieux choisies. De cette étude, il naît infailliblement un gout sûr, un jugement épuré, une connoissance certaine des différentes manieres de chaque Maître. On n'ignore pas qu'il y a des Estampes qui ont été beaucoup plus *colorites* les unes que les autres, quoique d'un même Maître. Souvent cette différence dépend de la façon dont les Graveurs ont commencé ces Estampes, ou du moment auquel le Peintre a retouché les épreuves, ou des sujets mêmes qui sont gravés. Souvent aussi les Graveurs font des planches, sans la participation des Peintres, ou lorsque la mort a mis ceux-ci hors d'état de revoir les planches : dans l'un & l'autre cas, les Graveurs suivent leur génie, qui les porte à colorier plus ou moins leurs planches. De cette variété naît un grand embarras, lorsqu'on ne veut faire qu'un bon choix, surtout à l'égard de ceux qui n'ont ni le tems, ni la commodité de voir des Oeuvres complettes, & de faire la confrontation dont on a parlé.

Pour aider ceux que j'ai en vûe, à

ſortir de cet embarras, il doit ſuffire de leur faire connoître les noms des Marchands qui ont fait graver des planches d'après les Tableaux ou les Deſſeins de Rubens, & de leur indiquer enſuite les noms de ceux qui en ſont devenus poſſeſſeurs après ces premiers. Il eſt eſſentiel de connoître cette ſucceſſion, auſſi-bien que le nom des Graveurs qui en ont fait pour leur compte.

Je commence par *Martin Vanden Enden* qui eſt le premier qui a fait graver des planches d'après *Rubens* : les Eſtampes qui ſont ſous ſon nom, doivent être regardées comme les premieres Epreuves. Une grande partie de ces planches fut achetée par *Gilles Hendricx* qui en a auſſi fait graver pluſieurs; & c'eſt le ſecond poſſeſſeur. Le troiſiéme eſt *Gaſpar-Huberti* qui a acheté une grande partie des planches de *Gilles-Hendricx.*

Je place après ces trois, *Corneille-Van-Merlen*, & *Antoine-Bon-Enfant.* C'étoient deux Marchands; mais les Eſtampes qui ſe vendent ſous leur adreſſe, ſont toutes mauvaiſes épreuves, ou retouchées.

Il y a eu encore *Pierre-Soutman* qui étoit Graveur. Son fond étoit composé en plus grande partie de ſes Ouvrages, & de ceux de *Jean-Suyderhoef*, de *Jean-*

Louis, & de *Pierre-Van-Sompel*. Les planches de ces quatre Graveurs n'ont point souffert de mutation : mais les belles Epreuves en sont très-difficiles à trouver, leurs planches ayant tiré très-peu, parce qu'elles étoient d'une gravure très-fine que nous appellons *maigre* ou *égratignée*, & qui ne soutient pas longtems les fatigues de l'impression. Les chairs ne sont gravées qu'avec des points, & ils en ont beaucoup mis dans les draperies. *Jean-Suyderhoef* a gravé un peu plus ferme, & ses planches ont tiré un plus grand nombre de bonnes Epreuves ; aussi sont elles moins rares que celles des autres ci-dessus nommés.

Je m'explique sur ce que je viens de dire, que cette gravure, qu'on appelle maigre & égratignée, ne soutient pas longtems les fatigues de l'impression. J'entends par-là la main & les chiffons : car ce qui use les planches, c'est à force de les essuyer ; & voici comment cela arrive. Les Imprimeurs couvrent toute la lanche d'un noir assez ferme avec un ampon : ils se servent ensuite de chiffons, ant pour faire entrer le noir dans les tailes, que pour tirer une partie de ce ui est sur la planche, & ils employent enuite la main, afin de n'en laisser que dans la gravure. Or quand ils ont la peau des mains rude, & qu'ils n'employent pas de linge fin, les planches s'usent plus vîte.

Je reviens aux Estampes gravées d'après les Ouvrages de *Rubens*. Il a été fait un grand nombre de copies de ces Estampes. Les détailler toutes, ce seroit grossir inutilement ce Catalogue. Mais afin qu'on puisse faire un choix convenable, & que ceux qui voudront s'y appliquer ne se trompent point, j'indique les sujets en François. Quand les titres sont courts, je les donne tels qu'ils sont, sans y rien changer n'y abréger. Quand ces titres sont trop longs, je me contente de donner les trois premiers mots de chacun, & les trois derniers. * J'ai observé la même regle où il y a des Dédicaces. Lorsqu'il se trouve en même-tems des Titres & des Dédicaces, j'ai conservé seulement les trois premiers mots de l'un, & les trois derniers de l'autre, selon le

* *Na.* On trouvera peut-être extraordinaire, que je n'aye point décrit les titres en entier, ou au moins jusqu'à ce qu'ils forment un sens que l'on entende. Le premier parti auroit trop grossi le Catalogue, & je crois que la regle que j'ai suivie est plus sûre, pour n'être point trompé par les fautes qui ont pû se glisser dans les copies.

rang qu'ils ont, c'est-à-dire, soit que le Titre suive la Dédicace, ou que celle-ci suive le Titre. Je donne ensuite le nom du Graveur, & j'indique le privilege. Quelques exemples feront mieux entendre ce que je viens de dire. Je lis sur une Estampe, *Cum Privilegio Regis Christianissimi, Principum Belgarum & Ordinum Bataviæ* : j'abrege, & j'écris seulement, *C. P. R. C. P. B. & O. B.* Je lis dans un autre, *Cum Privilegio Regis Christianissimi, Serenissimæ Infantis, & Ordinum Confederatorum* : suivant la même méthode, je mets, *C. P. R. C. S. I. & O. C.* En d'autres Estampes, on lit seulement, *Excudit Antuerpiæ, cum Privilegio* : j'abrége & j'écris, *Ex. Ant. C. P.* Je donne aprés cela la hauteur & la largeur de chaque Estampe, mais toujours en abrégé, afin de ne point trop grossir le Catalogue. Par exemple, la Chute des Anges, qui est le premier sujet indiqué, a 22 pouces 3 lignes de haut, sur 15 p. 7 lignes de large : je mets, 22 p. 3 l. de h. sur 15. p. 7. l. de l.

Quand plusieurs Graveurs ont gravé le même sujet, sans que l'un ait été copiste de l'autre, je donne toujours le premier rang à l'Estampe que je crois la plus recommandable ; & comme il y a des curieux qui ne veulent avoir que le beau d'une Oeuvre & non l'œuvre en entier, pour leur faciliter le choix qu'ils désirent de faire, j'indique les Estampes qui ont le plus de réputation, en les désignant par de simples lettres initiales. Exemple: *Belle*, B. *Belle & Rare*, B. R. Je distingue encore entre *Rare* & très-*Rare* ; car il y a des Estampes qu'on a beaucoup de peine à trouver dans plusieurs Oeuvres, pendant que d'autres, quoique rares aussi, se rencontrent cependant dans toutes les Oeuvres qui ont été recueillies avec soin. On reconnoîtra donc quand un Estampe sera belle & très-rare par ces mots, ou plûtôt par ces lettres initiales, *B. T. R.* & celles qui sont rares, sans être parfaitement belles, par cette simple lettre, *R.* Pour marquer celles qui sont très-rares seulement, je mettrai *T. R.* & je ne ferai aucune dictinction entre le médiocre & le mauvais.

J'ai trouvé dans les recherches que j'ai faites, un nombre d'Estampes sans le nom de *Rubens*, & souvent sans nom de Graveur, dont quelques-unes m'ont paru douteuses : mais comme j'ai trouvé ces Estampes dans plusieurs Oeuvres des mieux choisies, comme celles du Roi

& de Mr *Mariette*, j'ai cru ne devoir point les suprimer, laissant aux connoisseurs la liberté d'en décider selon qu'ils jugeront à propos. (*)

J'ai été souvent obligé de faire une description de ces Estampes *douteuses*, pour mieux en faire reconnoître les sujets; & je les désigne toutes par un grand *D*, à la suite des lettres initiales de *rare*, ou *très-rare*.

(*) M. le Bas a une planche de Jupiter & Mercure, que Philemon & Baucis reçoivent dans leur Cabane. Elle est gravée par *Joseph-Vanloo*, & on a mis par erreur, *Rubens pinxit*. C'est une composition de *Jean-Van-Hoeck*, gravée par *Corn. Galle* qui étoit du tems de *Rubens*, & qui a beaucoup gravé d'après lui. Il n'est point naturel de croire que *Corn. Galle* se soit trompé dans le nom du Peintre, d'après lequel il a gravé.

SUJETS DE L'ANCIEN *TESTAMENT.*

CHUTE des Anges, avec cette Dédicace, *Philippo IV. Hispaniarum Regi Catholico, Indiarum Monarchæ Humill.* Lucas Vosterman, *Sculp.* D. D. *Cum Privilegiis Regis Christianissimi, Belgarum & ord. Bataviæ*, *C. P. R. C. B. & O. B.* A°. 1621. vingt-deux pouces trois lignes de haut, sur quinze pouces sept lignes de large, 22 p. 3 l. de h. sur 15 p. 7 l. de l. Belle, très-Rare. *B. T. R.*

2. Chûte des Anges T. *St Michael*, Jac. Neef *Sculp.* G. Hendricx Ex. 14 p. 10 l. de h. sur 12 p. 9 l. de l'Oeuvre du Roi, 14 p. 10 l. de h. sur 12 p. 9 l. de l. *R.*

3. Loth avec ses filles, sans titre. W. P. Leeuw *fecit*, Danker Danckertz Ex. Cette Estampe est gravée à l'eau forte, d'une gravure très-fine, & a peu tiré : c'est la plus difficile à trouver belle Epreuve de ce Maître, 14 p. 4 l. de l. sur 9 p. 11 l. de h. *T. R.*

4. Loth qui sort de Sodome, Déd. *Eruditione & probitate... Gener. Observantia ergo. D. D.* Luc Vosterman *Sculp.* & Ex. A°. 1720. *C. P. R. C. P. B. & O. B.* 14. p. de l. sur 11 p. 8 l. de h. *B. T. R.*

5. Loth avec ses filles. Il y a quatre vers: *Quid vetiti pariant.... Sculpta tabella refert.* W. Swanerburg *Sculp.* A°. 1612. Il faut avoir cette Estampe, avant l'adresse de Cle. de Jonghe pour l'avoir belle Epreuve. 13 p. 10 l. de l. sur 10 p. 9 l. de h. *B. R.*

6. Job éprouvé par sa femme & par les Diables. *T. Homo natus de muliere... Eodem statu permanet* Job 14. Luc. Vorsterman Ex. *C. P.* 13 p. 7 l. de h. sur 9 p. 6 l. de l.

7. Job tenté par ses amis, & maltraité par les Diables. Il est écrit au haut de l'Estampe, *In nidulo meo moriar & ut palma multiplicabo dies.* Job 2. au bas de l'Estampe il y a quatre lignes d'écri-

ture sans nom de Peintre & de Graveur. 7 p. de l. sur 6 p. de h. T. R. Oeuvre de M. Mariette.

8. Le Sacrifice de Melchisedech, T. *Abrahæ à Regum . . . decimas omnium divisit.* Jacq. Neef, *Sculp.* 32 p. de l. sur 23 p. 6 l. de h.

9. Sacrifice de Melchisedech. T. *Melchisedech Rex Salem. . . Cœlum & Terram.* H. Witdouc *Sculp.* A°. 1638. *C. P. R. C. P. B. & O. B.* 16 p. 7 l. de l. sur 14 p. 3 l. de h.

10. Sacrifice d'Abraham. Titre & Dédicace : *Cur quantum o Abrahame. . . Atque consecrabat.* And. Stock *Sculp. H. Hondius Ex.* 14 p. 8 l, de h. sur 11 p. 10 l. de l.

11. Sacrifice d'Abraham. T. *Fidelissimum Abrahæ Sacrificium*, sans nom de Peintre & de Graveur. C. Galle ex. 10 p. 8 l. de h. sur 7 p. 10 l. de l.

12. Rencontre de Jacob & d'Esaü. *T. Ecce quam bonum, & quam jucundum, &c.* Il y a encore huit Vers, & une Déd. *En Germanus amor. . . Consecratque Antuerpiæ, 24 Febr.* 1652. P. de Bailliu, *Sculp.* Romboudt Vande Velde ex. Celles sous l'adresse de Gaspard de Holander, sont après. 17 p. de h. sur 15 p. 3 l. de l.

13. Une Entrée où l'on porte l'Arche & le Chandelier à sept branches, Bas Relief sans nom de Graveur. 7 p. de l. sur 3 p. de h.

14. Le Serpent d'Airain, avec Titre & Dédicace, *fecit ergo Moyses*.... *D. C. Q. Ægidius Henrici*, S. A Bolswert, *Sculp. Antuerpiæ*. Celles où est l'adresse de G. Hendricx, sont postérieures : celles sous l'adresse de Corn. Van Merlen, sont retouchées. 22 p. 3 l. de l. sur 16. p. 10 l. de h.

15. Samson qui tue un Lion, sans titre: *Quellinus fecit Aqua forti.* Romboudt Vande-Velde Ex. 5 p. de l. sur 4 p. 1. l. de h.

16. Samson qui tue un Lion, sans titre. Fr. Vanden Wingaerde *fecit & ex.* 4 p. 6 l. de h. sur 4 p. 2 l. de l.

17. Dalila qui coupe les cheveux à Samson. Il y a quatre vers & une Déd. *Qui genus humanum.... Admiratione Spectatur Matham, L. M. D. D.* Jac. Matham *Sculp. & Ex. C. P. Sa. Cæs. M.* 15 p. 10 l. de l. sur 13 p. 2 l. de h.

18. David qui coupe la tête de Goliath, sant titre. G. Panneells *Sculp.* F. V. W. Ex. 6 p. 4 l. de l. sur 5 p. 2 l. de h.

19. Abigail qui vient fléchir la colere de

David. *T. Et ait David... in occursum meum.* Adr. Lommelin *Sculp.* Cette Estampe est sous trois adresses : celles sous Gille Hendricx, sont les premieres ; celles de Gasp Huberti, les secondes, & celles de Cor. Van Merlen sont retouchées. 24 p. 10 l. de l. sur 15 p. 6 l. de h.

20. Jugement de Salomon. Déd. *Nobilissimis Amplissimisque.. Themidis D. D.* Boëtius Bolswert, B. à Bolswert & Ex. *Cum Privilegiis Regis Christianissimi, Serenissima Infantis, & Ordinum Confederatorum, C. P. R. C. S. I. & O. C.* 18 p. 7 l. de h. sur 15 p. 7 l. de l. *B. R.*

21. Sennacherib. *T. Venit Angelus Domini... mansit in Ninive, 4. Reg 19.* Soutman *Effigiavit & Ex. C. P.* 16 p. 10 l. de l. sur 13 p. 1 l. de h. *B. R.*

22. Elie dans le Désert. *T. Hic pascitur ab... totus veneratur orbis*, Cœur Lauvers *Sculp. & Excudit Antuerpia cum Privilegio*, Ex ant. C. P. 23 p. 5 l. de h. sur 18 p. 8 l. de l. Cette même Estampe est encore gravée par Guil. Panneels, Fran. Wyngaerde Ex. 5 p. 5 l. de h sur 4 p. 2 l. de l.

23. Judith qui coupe la tête d'Holopherne. Il y a six vers Latins, & une Déd.

Cedite Romani Ductores.... Memor dat, dicat. Corn. Galle, *Sculp. & Ex.* celles où est l'adresse de Carolus Collaer sont retouchées. 19 p. 2 l. de h. sur 13 p. 11 l. de l. B. T. R.

24. Judith. *T. Aspice quid potuit... en Holofernis habes.* C. Galle *Ex.* 10 p. 11 h. de l. sur 8 p. 4 l. de l. B.

25. Esther devant Assuerus. Il y a quatre vers, & une Déd. *Estheris obtinuit populo... Rumoldus Vande Velde...* Richardus Colins *Sculp.* Romboudt Vande Velde *Ex.* Celles sous l'adresse de F. Vanden Wyngaerde *Ex.* sont retouchées. 20 p. 10 l. de l. sur 16 p. 3. h. Cette même Esther est encore gravée par G. Panneels. François V. Wyngaerde *Ex.* 8. p. 9. l. de l. sur 5 p. de h.

26. Daniel dans la Fosse aux Lions, sans titre. W. P. Leeuw *fecit.* 21 p. 6 l. de l. sur 14 p. 11 l. de h. B. T. R.

27. Cette même Estampe a été gravée à l'eau forte, sans titre & sans nom de Graveur, 12 p. 7 l. de l. sur 9 p. 2 l. de h. Oeuvre du Roi. T. R.

28. Elle a été encore gravée au burin en hauteur, & on y a suprimé des Lions, sans nom de Graveur: A. Blooteling, *Ex. C. P.* 12 p. 1 l. de h. sur 9 p. 1 l. de l.

29. La Chaste Susanne. Déd. *Lectissimæ Virgini Annæ... Petrus Paulus Rubenus*. L. M. D. D. Luc Vosterman, *Sculp. & Ex. cum Privilegio Regis Christianissimi, Principum Belgarum & Ordinum Bataviæ. C. P. R. C. P. B. & O. B.* 13 p. 8 l. de h. sur 10 p. 3 l. de l. B. T. R.

30. La Chaste Susanne. *T. Turpe Senilis amor*. P. Pontius, *Sculp. Cum Privilegio Regis Christianissimi, Serenissimæ Infantis & ordinum Confederatorum. Anno* 1629. *C. P. R. C. S. I. & O. C.* A°. 1624. 12 p. 9 l. de h. sur 10 p. 3 l. de l. B. S.

31. La Chaste Susanne, gravée en tailles de bois, par Chr. Jeghers : elle est fort rare, quand elle est imprimée en clair obscur. Chr. Jeghers *Sculp. Ex. C. P.* 22 pouces 5 lignes de largeur, sur 16 pouces 5 lignes de hauteur.

SUJETS DU NOUVEAU TESTAMENT.

1. MAriage de la Vierge. *T. Virgo desponsata viro. . . nomen Virginis Maria Luc.* 1. S. a Bolsvvert, *Sculp.* G. Hendricx *Ex. Ant. C. P.* 16 p. 6 l de h. sur 12 p. 7 l. de l B.
2. Cette même Estampe est gravée par Cœur Lauwers, avec le même titre, & dans la même grandeur.
3. Annonciation Déd. *Per illustri sodalitati Parthenia. . .* Vanden Enden, *officii causâ D. C. Q.* S. à Bolsvvert *Sculp.* M. Vanden Enden *Ex. Ant. C. P. R.* Celles sous l'adresse de G. Hendrick sont postérieures. 16 p. 2 l. de h. sur 12 p. 3 l. de l. B.
4 Annonciation. Il y a quatre vers: *Anxia ne timeas. . . Virgo, parensque fiam.*

sans nom de Peintre. F. de Steen S. M. *Sculp.* 13 p. 1 l. de h. sur 12 p. 8 l. de l. T. R. Oeuvre du Roi, D. *douteuse.*

5. Visitation. *T. Elisabeth ait &... in Deo salutari meo, &c.* P. de Jode *junior Sculp. C. P. R. C. S. I. & O. C.* 23 p. de h. sur 16 p. 2 l. de l. B. R.

6. Nativité. Déd. *Nobilissimo & Amplissimo... P. Rubenus Dedicat Consecratque.* Luc Vorsterman *Sculp. & Ex.* A°. 1620, *C. P. R. C. P. B. & O. B.* 20 p. 11 l. de h. sur 16 p. 2 l. de l. B. R.

7. Nativité. Ded. *Petro Venio Lc°.... dedit, dedicavitque.* Luc Vosterman, *Sculp. & Ex.* A°. 1720, *C. P. R. C. P. B. & O. B.* 16 p. 3 l. de l. sur 10 p. 2 l. de h. B. R.

8. Nativité. *T. Virgo quem genuit Adoravit.* S. à Bolsvvert, *Sculp.* M. Vanden Enden, *Ex. Ant. C. P. R.* Celles sous l'adresse de G. Hendrick, sont depuis. 15 p. 7 l. de h. sur 11 p. 9 l. de l. B.

9. Nativité, T. & Déd. *Christe Redemtor omnium... Jesu Doctori Theolog.* G. Panneels *fecit* F. V. W. *Ex.* 7 p. 3. l. de h. sur 5 p. 11 l. de l.

10. Nativité sans titre, où il y a six Capucins, & St Joseph derriere la Vier-

ge, ſans nom de Peintre & de Graveur. 7 p. 5 l. de l. ſur 5 p. 10 l. de h. R. Oeuv. du Roi.

31. Nativité. T. *Ecce Virgo concipiet & pariet filium*, *Iſaie 7.* P. Pontius, *Sculp.* G. Hendrick *Ex. Ant.* Celles ſous l'adreſſe de Gaſp. Huberti ſont poſtérieures. 21 p. 8 l. de h. ſur 19 p. de l.

32. Nativité. T. *Salvator noſter dilectiſſime... de Nativitate Domini.* Jean Witdoeck, *Sculp. Ex. Ant.* Corn. Coeberh, *Ex. Ant. C. P. R.* Jean Deberti Bolſwert a retouché cette planche, y a mis ſon nom, & a effacé le nom de Witdoeck. Cette planche a ſouffert beaucoup de retouches depuis les premieres Epreuves. Witdoeck a couvert la gorge d'une femme qui verſe du lait; & a remis beaucoup de travaux dans les chairs & dans les draperies, ce qui rend l'Eſtampe plus moëlleuſe; & dans les animaux, Bolswert a paſſé des quatriémes fort larges. Celles avec l'adreſſe de Corn. Van Merlen, ſont encore après. 2 p. 4 l. de l. ſur 14 p. 1 l. de h. B.

33. Adoration des Rois. Il y a huit vers: *Ceu quondam paribus... Atque ordine ſolvunt.* Nic. Ryckmans, *Sculp.*

Ex. Ant. Celles sous l'adresse de Gaspar Huberti sont après, & celles sous l'adresse de Cor. Van Merlen, sont retouchées. 20 p. 10 l. de h. sur 16 p. de l.

4. Adoration des Rois. T. *Et procidentes adoraverunt Jesum.* C. Galle, *Ex.* 14 p. 2 l. de h. sur 10 p. de l. R. Cette planche a été copié pour le Missel.

5. Adoration de Rois. T. *Hostis Herodes impie. . . regna dat cœlestia.* G. Panneels *fecit.* F. V. W. *Ex.* 7 p. 3 l. de h. sur 5 p. 9 l. de l.

6. Adoration des Rois, sans titre. Rem. Eynhouedts *fecit.* 11 p. 9 l. de h. sur 9 p. 2 l. de l. T, R.

7. Adoration des Rois. T. *Intrantes domum invenerunt. . . thus & mirrham.* Nic. Louvvert, *Sculp. C. P. R. C. P. B. & O. B.* 21 p. 10 l. de h. sur 16 p. 6 l. de l. B.

8. Adoration des Rois. T. *Et procidentes Adoraverunt eum,* Matt. 2. S. a. Bolsvvert, *Sculp.* M. Vanden Enden *Ex. Ant. C. P. R.* Celles sous l'adresse de G. Hendricx, sont posterieures; 15 p. 9 l. de h. sur 11 p. 9 l. de l. B.

9. Adoration des Rois. T. *Et procidentes Adoraverunt eum,* Matt. Cap. 2. *Saba dona adducent, S. Sam.* 22.

H. Witdouc, *Sculp.* A°. 1638. *C. P. R. C. P. B. & O. B.* 16 p. 7 l. de h. sur 11 p. 11 l. de l. B. R.

20. Adoration des Rois, T. & Déd. *Et Apertis thesauris... ordinis Præmonstratensis Antuerpiæ.* Adrien Lommelin, *Sculp. Ex. Ant.* 21 p. 8 l. de h. sur 17 p. 1 l. de l.

21. Adoration des Rois, T. & Déd. *Et apertis thesauris... Ægidius Hendricx Antuerpianus*, A°. 1663. Ad. Lommelin, *Sculp.* G. Hendricx, *Ex.* 18 p. 3. l. de l. sur 13 p. 9 l. de h.

22. Adoration des Rois. Déd. *Serenissimo Maximiliano utriusq... venerabundus Dedicabat consecrabatque...* Luc. Vorsterman, *Sculp. & Ex.* A°. 1621. *C. P. R. C. P. B. & O. B.* 21 p. de l. sur 16 de h. B. T. R.

23. Adoration des Rois. Déd. *Serenissimo & potentissimo... humiliter Dedicat consecratque.*, Luc. Vorsterman, *Sculp.* B. R. Cette Estampe est copiée dans la même grandeur, avec la même Déd. & le même privilége, par Peter Nolpe, *C. P. R. C. P. B. & O. B.* 21 p. de h sur 16 de l.

24. Adoration des Rois, sans titre: *Si stampano è vendono alli Cesarini da mutte giudice Sup. L. Anno* 1692. Cette Estampe

Estampe est gravée en Italie. Gir. Frezza, *Sculp.* 18 p. 9 l. de h. sur 14 p. de l. T. R.

26. La Circoncision. T. *Circumcisio Jesu Christi.* Adr. Lommelin, *Sculp.* G. Hendricx. *Ex.* 15 p. 6 l. de h. sur 12 p. 4 l. de l.

27. Fuite en Egypte. T. *Joseph Consurgens accepit... secessit in Ægyptum,* Matt. Chap. 2. Marinus, *Sculp. C. P. R. C. S. I. & O. C.* 16 p. 10 l. de l. sur 13 p. 1 l. de h. B. T. R.

28. Fuite en Egypte, sans titre. Cor. Galle. 8 p. 10 l. de h. sur 5 p. de l.

29. Retour d'Egypte. T. *Et erat subditus illis,* Luc. 2. S. à Bolswert, *Sculp.* M. Vanden-Enden *Ex. C. P.* 15 p. 7 l. de h. sur 11 p 10 l. de l. B.

30. Retour d'Egypte. T. & Déd. *Dei & matris Benivolentiæ caussa inscripsit.* Luc. Vorsterman, *Sculp. & Ex.* A°. 1620. *C. P. R. C. P. B. & O. B.* 14 p. 10 l. de h. sur 11 p. 4 l. de l. B.

31. Retour d'Egypte. T. *Obdormit Ecce Jesulus... compescito tabellula.* C. Galle *Ex.* 15 p. 11 l. de h. sur 11 p. 7 l. de l.

32. Massacre des Innocents. Déd. *Perillustri & Reverendissimo .. frustra extinguere nititur.* P. Pontius, *Sculp. C. P.*

A° 1643. 33 p. 8 l. de l. sur 22 p. 3 l. de h. B. R. en deux feuilles.

33. La Présentation au Temple. T. *Nunc dimitte servum... salutare tuum.* P. Pontius, *Sculp.* A°. 1638. *C. P. R. C. P. B. & O. B.* Celles sous l'adresse de Gasp. Huberti, sont postérieures; & celles sous l'adresse de Cor. Van-Merlen, sont retouchées. 23 p. 7 l. de h. sur 18 p. 1 l. de l. B.

34. Le Baptême de J. C. T. *Hic est filius meus dilectus*, Matt. 17. Adrien Lommelin *Sculp.* G. Hendricx *Ex, Ant.* 15 p. 9 l. de h. sur 12 p. 6 l. de l.

35. La même composition est gravée par G. Panneels, sans titre. 6 p. 1 l. de h. sur 5 p. 2 l. de l. R.

36. Tentation de J. C. dans le Désert. Gravé en taille de bois. Chr. Jegher, *Sculp. C. P.* 15 p. 10 l. de l. sur 11 p. 5 l. de h.

37. Décolation de St Jean dans un ovale. T. *Spiculator decollavit Joannem in carcere.* P. de Jode *Sculp.* F. Vanden Wyngaerde *Ex.* 3 p. 9 l. de h. sur 2 p. 9 l. de l. R.

38. Le Bourreau qui donne la tête de St Jean à Herodiade. T. *Spiculator decollavit Joannem in carcere.* S. à Bolswert, *Sculp.* 9 p. 10 l. de h. sur 8 p. 2 l. de l. B.

39. La Fille d'Hérodiade présente la tête de St Jean à sa mere. T. *Misitque & decollavit. . . attulit matri suæ.* S. à Bolswert, *Sculp.* G. Hendricx *Ex.* 22 p. de l. sur 14 p. 11 l. de h. B.

40. Herodiade tient la tête de St Jean dans un bassin. T. & Déd. *Et tu puer... furti ad manum.* G. Panneels *fecit aquâ fortî.* F. V. W. *Ex.* 5 p. 6 l. de h. sur 4 p. 6 l. de l.

41. Rendez à Cézar. Il y a un titre, & seize vers. *Reddite quæ sunt. . . min als niet*: sans nom de Graveur. Cor. Visscher *Ex.* 19 p. de l. sur 14 p. 9 l. de h.

42. Rendez à Cézar. Déd. *Reverendo Domino Dño*... Vosterman *Sculptor Benivolenter.* D. D. *C. P. R. C. P. B. & O. B.* Aº. 1621. C'est la même composition que celle ci-dessus, avec quelque changement. 13 p. 3 l. de l. sur 9 p. 7 l. de h. B. T. R.

43. La Pêche du poisson pour payer le tribut. T. *Vade ad mare. . invenies staterem*, Matt. 17. sans nom de Graveur. *C. P. R. C. P. B. & O. B.* 13 p. 4. l. de l. sur 10 p. 2 l. de h. B R.

44. Cette même composition a été gravée à l'eau forte, avec des changemens dans le fond. Comme je n'ai vû

cette Estampe que dans mon Oeuvre, & que la marge en est coupée, je ne peux point dire s'il y a un titre & le nom du Graveur. Il est écrit dans le bas de l'Estampe, *S. Saury*. 19 p. de l. sur 13 p. 6 l. de h. B. T. R.

45. Cette même Estampe a encore été gravée avec des changemens. Il y a sur le devant une figure qui pose un genouil en terre. Il y a quatre vers : *Flagitat à Domino ferre tributa mari*. N. Laeuwers. 12 p. 7 l. de l. sur 9 p. 8 l. de h. T. R.

46. La Pêche Miraculeuse. T. *Impletum lati ducunt... gurgite piscis adest*. P. Soutman *Ex. & fecit*. 12 p. de l. sur 8 p. 6 l. de h.

47. La Pêche Miraculeuse. T. *Ait ad Simonem Jesus : Noli timere, ex hoc jam homines eris capiens*. S. à Bolswert, *Sculp. & Ex*. 3. feuilles. *C. P. R. C. P. B. & O. B*. 31 p. de l. sur 19 p. 11 l. de h. B.

48. J. C. qui donne les clefs à St Pierre. T. *Tibi dabo claves... & in cælis*, Matth. 16. P. de Jode, *Sculp. Erasm Quillinius Ex C. P*. Celles sous l'adresse de M. Vanden-Enden sont postérieures. 14 p. 11 l. de h. sur 11 p. 7 l. de l.

49. J. C. donne les clefs à St Pierre. T. *Dixit Jesus Simoni Petro, Pasce oves meas*.

Jesus dit à Simon Pierre, paissez mes Brebis, en St Jean Chap. 21. F. Eisen. *del.* & *f.* 8 p. 2 l. de h. sur 6 p. 10 l. de l. B. R.

50. J. C. donne les clefs à St Pierre. T. *Tu es Petrus... prævalebunt adversum eam. Raphaello Urbin. Pinxit.* Cette Estampe a été gravée par Soutman d'après un dessein de Rubens. 17 p. 11 l. de l. sur 11 p. 7 l. de h. T. R.

51. La Magdelaine chez le Pharisien. Il y a six vers : *Acceptat Dominus Pharisæa... gaudia tanta dare.* Mich. Natalis *Sculp.* Abrah. à Diepenbeke *Ex. Ant. C. P.* 18 p. 2 l. de l. sur 14 p. 7 l. de h. B. R.

52. Cette même Estampe est gravée à l'eau forte par G. Panneels. F. V. W. *Ex.* 6 p. 3 l. de l. sur 5 p. 3 l. de h.

53. Le Bon Pasteur. T. *Pastor Bonus*, sans nom de Graveur. G. Hendricx *Ex.* 15 p. 9 l. de h. sur 12 p. 5 l. de h.

54. Résurrection du Lazare. T. *Lazare veni foras.* Boëtius à Bolswert, *Sculp.* & *Ex. C. P. R. C. S. J.* & *O. B.* 22 p. 2 l. de h. sur 18 p. 2 l. de l. B. R.

55. Un Christ. T. *Speramus in Deum vivum, qui est salvator omnium hominum.*

56. La Vierge qui fait le regard du Christ. T. *Sub tuum præsidium confu-*

gimus, sancta Dei genitrix. N. Ryckmans, *Sculp.* 5 p. 11 l. de h. sur 4 p. 2 l. de l.

57. Une tête de Christ dans un ovale. T. & Déd. *Jesu dulcissime, amantissime... Die 27 Mai natali suo*, 57. P. Pontius *incidebat.* 13 p. 5 l. de h. sur 10 p. 1 l. de l.

58. Le regard est la Vierge dans un ovale. T. *O beata Maria...* qui étoit perdue: sans nom de Graveur. G. Hendricx *Ex. Ant.* 14 p. 5 l. de h. sur 11 p. 6 l. de l. R. Oeuvre du Roi.

59. Un regard de tête de Christ & de Vierge, sans titre & sans nom de Graveur. 5 p. 11 l. de h. sur 4 p. 3 l. de l. R. Oeuv. du Roi.

60. La Cêne. T. *Accepit Jesus panem... est corpus meum.* Boet. à Bolswert *Sculp. & Ex. C. P. R. C. S. I. & O. C.* 23 p. 7 l. de h. sur 18 p. 2 l. de l. B. T. R.

61. Lavement des pieds. T. *Et cœpit lavare pedes Discipulorum.* A. Lommelin, *Sculp.* 15 p. 1 l. de h. sur 12 p. 3 l. de l.

62. Priere au Jardin des Olives. Déd. *Amplissimo ac Reverendo...* Fr. Van Vyngaerde. P. de Baillius, *Sculp.* Fr. Vanden Wyngaerde *Ex.* 11 p. 5 l. de h. sur 9 p. 10 l. de l. R.

63. Cette même composition a été encore gravée par Ant. Coget. T. *Jesus positis genibus... A me est*, Luc 22. 15 p. 3 l. de h. sur 12 p. 5 l. de l.

64. J. C. attaché à la colomne, sans titre. *Erasmus Quellinius delineavit* : Matt. Borrekens *Ex. C. P. habitans Ant. prope Monesam.* 36 p. 11 l. de h. sur 15 p. 2 l. de l. T. R. Oeuv. du Roi. D.

65. Une tête d'Ecce Homo. T. *Aspicientes in auctorem fidei & consummatorem Jesum, ad Hebr.* 22. P. Donnoot *fecit.* 7 p. 9 l. de h. sur 5 p. 5 l. de l.

66. Ecce Homo. T. & Déd. *Egredimini & videte... Patrono Theod. Galleus D. D.* Cor. Galle, *Sculp.* Jo. Galle *Ex.* 12 p. 3 l. de h. sur 10 p. 3 l. de l.

67. Une tête d'Ecce Homo, sans nom de Peintre & de Graveur. Cor. Galle. 8 p. 4 l. de h. sur 4 p. 10 l. de l. Oeuv. de M. Mariette. T. R.

68. Ecce Homo, ou J. C. devant Pilate. T. *Exivit ergo Jesus... Crucifige, crucifige eum.* Nic. Laeuwers *Sculp. Cum privilegio consilii sanctioris Brabantiæ. C. P. C. S. B.* 23 p. 8 l. de h. sur 16 p. 9 l. de l. B.

69. Portement de Croix. T. *Jesus bajulans crucem... eo ut interficerentur.* P. Pontius, *Sculp. C. P. R. C. S. J. &.*

O. C. A°. 1632. 21 p. 10 l. de l. sur 16 p. 10 l. de h. B.

70. Portement de Croix. Il y a six vers: *Sanguine currentes . . . mutua reddit amor.* Cœur Laeuwert, *Sculp.* 15 p. 9 l. de h. sur 11 p. 4 l. de l.

71. Elévation en Croix, en trois feuilles. Déd. D. Cornelio Vander. . . *& promotor fuit.* . . H. Withouc, *Sculp.* A°. 1638. *C. P. R. C. P. B. & O. B.* 43 p. 3 l. de l. sur 12 p. de h. B.

72. Un Christ. Il y a quatre vers: *Flet cœlum moriente. . . Flere recinat Homo.* J. Meyssens *Ex.* sans nom de Graveur. 5 p. 8 l. de h. sur 4 p. 2 l. de l.

73. Un Christ qui porte sur son corps les marques de la flagellation, sans nom de Graveur. 6 p. 6 l. de h. sur 4 p. 11 l. de l. Oeuv. du Roi. T. R. D.

74. Un Christ. Il y a 4 vers: *Vita caret vita. . . pascit utrumque novo* M. *fecit* Ant. Bon-Enfant *Ex.* 13 p. 10 l. de h. sur 6 p. 8 l. de l. R.

75. Un Christ, sans titre. P. Van Sompelen, *Sculp.* P. Soutman *Ex. C. P.* 21 p. 10 l. de h. sur 14 p. 10 l. de l. T. R.

76. Un Christ. T. *Clamans voce magna. . hac dicens expiravit.* P. Soutman *Ex.* 15 p. 8 l. de h. sur 10 p. 5 l. de l. C'est

le plus rare des Chrifts à trouver belle Epreuve, auffi bien que celle ci-deffus.

77. Un Chrift. T. & Déd. *Sol cognovit . . . Lubenter D. D.* Lucas Vofterman, *& Ex. C. P.* 13 p. 9 l. de h. fur 9 p. 6 l. de l.

78. Un Chrift. T. *Chriftus Crucifixus.* S. à Bolfvvert, *Sculp.* G. Hendricx *Ex.* 18 p. 8 l. de h. fur 11 p. 10 l de l. B.

79. Un Chrift, avec les deux Larrons, fans titre. S. à Bolfwert, *Sculp.* G. Hendricx *Ex. Ant.* 22 p. 5 l. de h. fur 15 p. 10 l. de l B.

80. Un Chrift avec les deux Larrons, & à qui on perce le côté. T. *Jefus crucifixus venerunt. . . fanguis & aqua.* B. à Bolfvvert, *Sculp. & Ex. C. P. R. C. S. I. & O. C.* 21 p. 7 l. de h. fur 15 p. de l. B.

81. Le Chrift feul a été gravé en fonds blanc. 16 p. 5 l. de h. fur 6 p. 10 l. de l. R.

82. Un Chrift appellé communément le Chrift aux coups de poing. T. *Clamans voce magna. . . hæc dicens expiravit.* P. Pontius, *Sculp. C. P. R. C. S. I. & O. C.* A°. 1631. 21 p. 6 l. de h. fur 14. p. de l. B. R.

83. Un Chrift T. & Déd. *Prædicamus Chriftum crucifixum. D. C. Q.* Marti-

nus Vanden-Enden. S. à Bolswert, *Sculp.* M. Vanden-Enden *Ex. Ant. C. P. R.* Celles sous l'adresse de G. Hendricx, sont postérieures 16 p. 3 l. de h. sur 12 p. 3 l. de l. B. T. R.

84. Le même Christ a été gravé en fond blanc. 17 p. 3 l. de h. sur 7 p. 1 l. de l.

85. Il a encore été gravé par C. Galle : ils sont tous trois sous la même adresse. 5 p. 4 l. de h. sur 3 p. 5 l. de l. R.

86. Un Christ qui recommande St Jean à la Vierge. T. *Ecce mater tua.* Jacob Neefs, *Sculp.* G. Hendricx *Ex. Ant.* 22 p. 5 l. de h. sur 16 p. 5 l. de l.

87. Descente de Croix. Déd. *Reverendo admodum Nobili... summo, D. D. C. Joannes Meyssens.* P. Clauvet, *Sculp. J. Meyssens Ex.* 19 p. 9 l. de h. sur 15 p. 4 l. de l.

88. Descente de Croix. Déd. *Illustrissimo, & excellentissimo Observand. L. M. D. C. Q. Joannes Meyssens.* Cœur Waumans, *Sculp.* Celles sous l'adresse de Cor. Galle, sont postérieures. 16 p. 10 l. de h. sur 12 p. 10 l. de l.

89. Descente de Croix. Ded. *Illustrissimo, Excellentissimo. . . . nuncupat dedicatque*, Luc Vorsterman, *Sculp. & Ex.* A°. 1620. *C. P. R. C. P. B. & O. C.* 21 p. 1 l. de h. sur 15 p. 11 l. de l. B. T. R.

90. Descente de Croix. T. *Joseph ab Arimathia.... exciderat in petra*, Matth. 26. N. Laeuwers Ex. 13 p. 11 l. de h. sur 10 p. 2 l. de l.

91. J. C. que l'on porte au tombeau. T. *Acceperunt corpus Jesu .. est Judaïs sepelire.* Cor. Galle *fecit.* 5 p. 6 l. de l. sur 4 p. 5 l. de h. Oeuv. de M. Mariette. T. B.

92. J. C. au Tombeau. T. *Christi funus: P. Pontius æri incidit. C. P. R. C. S. I. & O. C.* A°. 1628. 17 p. 3 l. de h. sur 13 p. 10 l. de l. B.

93. Cette même Composition a été gravée par S. à Bolsvvert. Il y a quelques changemens dans les têtes. Il y a six vers, & une Déd. 16 p. 6 l. de h. sur 12 p. 10 l. de l.

94. J. C. au Tombeau T. *Et hunc qui... sic obiisse dolet.* N. Laeuwers *fecit & Ex.* 11 p. de h. sur 8 p. 6 l. de l.

95. Cette même Composition est gravée par Cor. Galle, avec une Déd. & un Titre. *Vocate me mara.. opus D. D. C. Q.* Cornelius Galle. 13 p. 8 l. de h. sur 10 p. de l.

96. J. C. au Tombeau. Il y a quatre vers: *Rex meus est. . . erit ille meus.* P. Soutman *effigiavit & Ex. C. P.* 14 p. 2 l. de l. sur 11 p. de h. B. T. R.

97. J. C. au Tombeau. T. *O tristes ani-*

ma... summa janua laitia. J. Witdoeck *Sculp. Ex. Cum gratia & privi. R. J. de Berti.* 17 p. 11 l. de l. sur 13 p. de h. B. R.

98. Résurrection. T. *Christus Resurgens... jam moritur, ad Rom. 4.* S. à Bolsvvers, *Sculp.* M. Vanden-Enden *Ex. C. P. R.* Celles sous l'adresse de G. Hendricx, sont postérieures. 14 p. 11 l. de h. sur 10 p. 4 l. de l. B.

99. Résurrection, sans titre. Rem. Eynhovedts *fecit.* 9 p. de l. sur 7 p. 8 l. de h. R.

100. L'Apparition des Anges au Tombeau, aux Saintes femmes. Déd. *Lectissimis Matronis D. Maria... offerebat Lucas Vorsterman.* Luc. Vorsterman *Ex. C. P.* 16 p. 7 l. de l. sur 12 p. 7 l. de h. B. T. R.

101. Apparition de J. C. à la Magdelaine. Il y a quatre vers : *Te simul abscondis... ludere novit amor.* Fr. Vanden Wyngaerde *fecit & Ex.* 10 p. 4 l. de h. sur 8 p. 5 l. de l. R.

102. La même Apparition a été gravée par Ad. Lommelin, sans titre, avec quelque changement dans les fonds. 16 p. 2 l. de h. sur 13 p. 4 l. de l.

103. Les Pelerins d'Emmaus. T. *Accepit Jesus panem, & benedixit, & aperti sunt oculi*

oculi eorum & agnoverunt eum. H. Witdouc, *Sculp.* A°. 1638. *C. P. R. C. P. B. & O. B.* Quand on veut avoir cette Estampe retouchée en clair obscur, elle est très-rare. Rubens en a retouché quelques-unes.

104. Les Pelerins d'Emmaus. Il y a huit vers : *Me quantus ignis. . . insideat fuge suspicari.* P. Van Sompelen, *Sculp.* P. Soutman *Effigiavit & Ex. C. P.* 12 p. 8 l. de h. sur 0 p. 11 l. de l. R.

105. Cette même Estampe est gravée par W. Swanenburg. Il y a six vers : *si quis Apelleâ. . . nostri miramur Apellis.* 10 p. 11 l. de h. sur 10 p. 7 l. de l. B.

106. Les mêmes Pelerins copiés d'après W. Swanenburg, par Adr. Lommelin. T. *In fractione panis agnoverunt eum*, Luc 24. G. Huberti. *Ex.* 15 p. 7 l. de h. sur 14 p. 7 l. de l.

107. Ascension. T. *Videntibus illis elevatus est*, Act. 1. v. 9. S. à Bolswert *Sculp.* M. Vanden-Enden *Ex. Ant. C. P.* Les Epreuves sous l'adresse de G. Hendricx sont postérieures. 16 p. 5 l. de h. sur 12 p. 5 l. de l. B.

108. Ascension : sans titre & sans nom de Graveur. 12 p. 3 l. de h. sur 8 p. 6 l. de l.

109. Trinité. T. *Prænobili ac generoso. . . Triados imagine.* Ad. Lommelin *Sculp.* G. Hendricx *Ex.* 16 p. de h. sur 12 p. 7 l. de l.

110. Trinité, sans titre. Luc. Vorstermans Junior, *Sculp.* F. Wyngaerde *Ex.* 10 p. 4 l. de h. sur 12 p. 7 l. de l.

111. Cette même Estampe est gravée au burin, sans nom de Peintre & de Graveur. 5 p. 10 l. de h. sur 3 p. 10 l. de l.

112. Trinité, ou Christ mort sur les genoux du Pere Eternel. T. *Hic est filius meus dilectus.* S. à Bolswert, *Sculp.* M. Vanden-Enden *Ex.* *Ant. C. P.* Les Epreuves sous l'adresse de G. Hendricx, sont postérieures. 16 p. de h. sur 12 p. 7 l. de l. B.

113. Descente du St Esprit. T. *Animis illabere nostris.* P. Pontius, *Sculp.* *C. P. R. C. S. J. & O. G.* A°. 1627. 21 p. 4 l. de h. sur 15 p. 7 l. de l.

114. Conversion de St Paul. Déd. *Illustrissimo ac Reverendissimo. . . imitatori è Saulo Paulum.* S. à Bolswert, *Sculp. & Ex.* *Cum Privilegiis Regis Christianissimi, Serenissimæ Infantis, & Ordinum Confœderatorum.* 22 p. de l. sur 15 p. 10 l. de h. B. R.

115. Apparition de J. C. à la Magdelei-

ne, après la Résurrection. On voit dans la même Estampe un St Pierre, un Roi, & un Saint qui tient une Croix. Au bas de l'Estampe est écrit dans un Cartouche, *Remittuntur ei peccata.* N. Lauwers *Ex.* 15 p. 9 l. de h. sur 9 p. 4 l. de l.

116. Apparition de J. C. à la Vierge. T. & Déd. *Mariam verè Dei... Gallaus Dicat consecratque.* Egb. Van-Panderen, *Sculp.* Theod. Galle *Ex.* 15 p. 1 l. de h. sur 11 p. 2 l. de l. R.

117. Les quatre Peres de l'Eglise. Déd. *Reverendo admodum nobili.. de Neyt Antuerp.* Corn. Galle, *Sculp.* G. Hendricx *Ex.* 17 p. 1 l. de l. sur 13 p. 4 l. de h.

118. Les quatre Peres de l'Eglise. T. & Déd. *In Effigiem quatuor... posse perire negat.* C. Van-Dalen Junior, *Sculp.* A. Blutelinge *Ex.* 10 p. 6 l. de h. sur 9 p. 2 l. de l. B.

119. Les Peres de l'Eglise, & Sainte Claire. Il y a quatre vers: *Doctorum Æthereo... crede fide.* S. à Bolswert, *Sculp.* Nic. Lauvvers *Ex. Ant.* 18. p. 10 l. de h. sur 17 p. 6 l. de l. B.

120. Cette même Estampe est encore gravée par Remoldus Einhouedts;

mais le fond est tout changé. 12 p. 4 l. de l. sur 10 p. 4 l. de h. B. R.

121. Les Quatre Evangelistes. Il y a quatre Vers & une Déd. *Si quod duorum... quale quale Symbolum.* L. *M:D. C.* Q. S. à Bolswert *Ex. Ant.* 18 p. 10 l. de h. sur 17 p. 4 l. de l. B.

122. La dispute du St Sacrement. Il y a des Vers & une Déd. *Christus in hâc.. Prædicatorum Antuerpiæ Priori.* A°. 1643. Henr. Snïer, *Sculp.* Abrah. à Diepenbeke *Ex. Ant. C. P.* 22 p. 9 l. de h. sur 15 p. 10 l. de l. B. R.

123 Le Combat de l'Esprit contre la chair, désigné par une figure ailée & liée d'une corde, dont un Ange tient un bout vers le Ciel : le Pere Eternel est au-dessus. L'autre bout de la corde est tiré par les Diables qui la veulent entraîner dans l'Enfer ; sans nom de Peintre & de Graveur. 11 p. 7 l. de h. sur 9 p. 5 l. de l. Oeuvre du Roi. R.

124. Sujet allégorique, représenté par cinq femmes. Celle du milieu a les mains l'une dans l'autre, & tient un chapelet ; à droite est une autre femme à genoux, appuyée sur le dos d'un fauteuil, & tenant encore un chapelet : derriere elle est une troisiéme femme qui paroit entretenir le feu d'u-

ne lampe. Une autre à gauche tient un livre, & la cinquiéme est en méditation : derriere est un Ange qui monte au Ciel, & un autre dans les nues sonne de la trompette. Gravé à l'eau forte, sans nom de Peintre ni de Graveur. 10 p. 6 l. de l. sur 6 p. 3 l. de h. Oeuvre du Roi. R.

125. Triomphe de la Charité, sans titre. Adr. Lommelin, *Sculp.* G. Hendricx *Ex.* 32 p. 7 l. de h. sur 23 p. 7 l. de l.

126. Triomphe de l'Eglise, en deux feuilles. Il y a huit Vers & une Déd. *Sic vehitur nova... Hannecart Senator Antuerpian.* Nic. Lauvvers, *Sculp. & Ex. Ant. C. P.* 32 p. 10 l. de l. sur 24 p. de h. B.

127. La destruction des anciens Sacrifices, en 2 feuilles. Il y a six Vers & une Déd. *Cede deo mala... Petr. Hannecart Dedicabat.* S. à Bolsvvert, *Sculp.* Nic. Lauvvers *Ex. Ant. C. P.* 33 p. de l. sur 23 p. 5 l. de h. B.

128. Triomphe de l'Eucharistie, en deux feuilles. Il y a huit Vers, & une Déd. *Perge Triumphatrix Ecclesia... Pet. Hannecart. D. D.* S. à Bolsvvert, *Sculp.* Nic. Lauvvers *Ex. Ant. C P.* 37 p. 10 l. de l. sur 23 p. 9 l. de h. B.

129. Le Temps qui découvre la vérité, & terrasse l'Herésie, sans titre. Adr. Lommelin, *Sculp*. G. Hendricx *Ex.* 32 p. 10 l. de l. sur 23 p. 5 l. de h.

130. Le Jugement dernier, en deux feuilles. T. *Ducunt in bonis dies suos, & in puncto ad inferna descendunt*. Job. Chap. 21. *Joes Van-Orley delineavit & Rich. Van-Orley fecit in aquâ forti*, 30 p. de h. sur 22 p. 10 l. de l.

131. Le Jugement dernier en deux feuilles. T. *Omnes Enim nos... bonum sive malum*. Corn. Visscher, *Sculp*. P. Soutman *Ex. C. P.* 21 p. 11 l. de. h. sur 17 p. 6 l. de l. B.

132. Chûte des Reprouvés. T. *Lapsum draconis... vides, tu fuge*. P. Soutman *Effigiavit. C. P.* A°. 1642. 20 p. 2 l. de h. sur 15 p 2 l. de l. Celles sous l'adresse de Phil. Bouttat Junior, sont retouchées. R.

133. Chûte des Réprouvés, en deux feuilles. T. *Superbia ergo depulsi... devovet Petrus Soutman. C. P.* J. Suyderhoef, *Sculp*. A°. 1642. Cette Estampe a été retouchée : on ne peut s'en appercevoir, que par les contours & les reflets qui sont plus arides & transparents. 32 p. 8 l. de h. sur 19 p. 9 l. de l. B. R.

134. Des Anges dans une gloire, dont les uns jouent des instrumens, & les autres chantent, sans nom de Peintre ni de Graveur. Gravé à l'eau forte dans le goût de Remoldus; de l'œuvre du Roi. B. T. R. 18 p. 6 l. de l. sur 12 p. de h.

135. Deux Anges dans des nuës, tenant un Soleil d'où sortent des rayons, sans nom de Peintre ni de Graveur. Gravé à l'eau forte dans le goût de Remoldus. 8 p. 8 l. de l. sur 5 p. 1 l. de h. B. T. R. de l'œuvre du Roi.

136. L'Enfant Jesus, & St Jean qui jouent avec un mouton. T. *O Baptista, quis fuit... utero clausus exsultaras.* Cor. Galle Ex. 16 pouces 1. ligne de largeur, sur 11 pouces 9 lignes de hauteur.

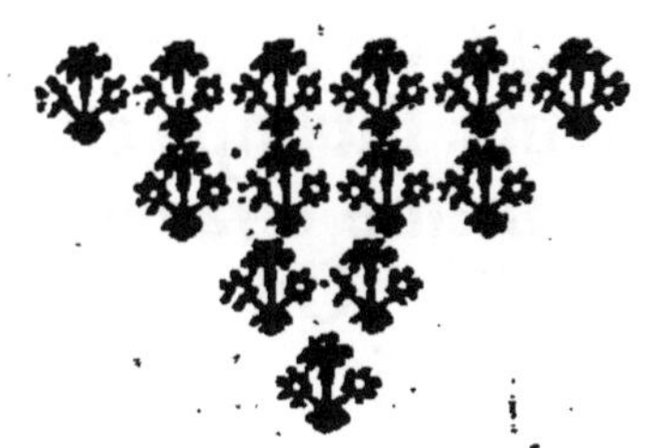

SUJETS DE VIERGE.

1. IMmaculée Conception. T. *Ipsa conteret caput tuum*. Genes. 3. S. à Bolsvvert *Sculp*. A. Bon-Enfant *Excudit Cum Privilegio Regis*. Quinze pouces trois lignes de haut, sur onze pouces de large. Belle, rare.

2. Immaculée Conception. T. *Veneranda admodum Maria. . Domina longè dignissima*. Matth. Borckens, *Sculp*. M. Vanden-Enden. *D. C. Q. & Ex*. 1644. 9 p. 4 l. de h. sur 4 p. 9 l. de l.

3. Cette même Estampe est encore gravée par le même Graveur, & sous la même adresse. On en a suprimé la boulle. 16 p. 6 l. de h. sur 7 p. 7 l. de l.

4. Le Couronnement de la Vierge, sans titre. Gravé en bois par Christ. Jegher. *C. P. R.* 16 p. 3 l. de l. sur 11 p. 10 l. de h.

5. Le Couronnement de la Vierge, sans titre. l'Estampe est ceintrée, sans nom de Peintre ni de Graveur. Gravé à l'eau forte dans le goût de Remoldus. B. T. R. Oeuvre du Roi. 9 p. 4 l. de h. sur 7 p. 5 l. de l.

6 Le Couronnement de la Vierge. T. *Coronatio Divæ Virginis.* P. Pontius, *Sculp.* G. Hendricx, *Ex.* 12 p. 11 l. de h. sur 9 p. 5 l. de l.

7. La Reine des Anges, où deux Anges couronnent la Vierge. T. *Quæ est ista... Castrorum acies ordinata.* Cor. Visscher, *Sculp. P. Soutmans dirigente. C. P.* 22 p. 9 l. de h. sur 16 p. 10 l. de l. B.

8. Cette même Estampe est gravée à l'eau forte, avec goût, sans nom de Graveur, & avec quelques changemens dans les Ensans. T. *Ave Domina Angelorum. F. L. D. Ciarte exc. C. P, R.* 10 p. 9 l. de h sur 7 p 7 l. de l. B.

9. Assomption. D. Déd. *Magnifico & Clarissimo.. Martinus Vanden-Enden.* S. à Bolsvvert, *Sculp.* Mar. Vanden-Enden *Ex. C. P.* 22 p. 10 l. de h. sur 15 p. 10 l de l. B.

10. Assomption Déd *R. P. Guardiano F F. Minorum... Martinus Vanden-Enden. D. C. Q.* S. à Bolsvvert, *Sculp.* Mar.

Vanden-Enden *Ex. Ant. C. P.* 22 p. 11 l. de h. ſur 16 p. 2 l. de l. B. Celles ſous l'adreſſe de G. Hendricx, ſont poſtérieures, & celles ſous l'adreſſe de Cor. Van-Merlen, ſont retouchées.

11. On à gravé le haut de cette Aſſomption, avec le titre, *Janua Cæli:* Il y a du changement dans les Anges. Cor. Galle *Ex.* 8 p. 6 l. de h. ſur 5 p. 2 l. de l.

12. Aſſomption, ſans titre. H. Witdouc, *Sculp.* A°. 1639. *C. P. R. C. P. B. & O. C.* Les Epreuves ſous l'adreſſe de Cor. Van-Merlen, ſont retouchées. 23 p. de h. ſur 17 p. 4 l. de l. B. R.

13. Aſſomption. T. *Aſſumpta eſt Maria in cælum.* P. Pontius, *Sculp. C. P. R. C. S. J. & O. C.* A°. 1624. 32 p. 7 l. de h. ſur 16 p. 2 l. de l. B.

14. Cette même Aſſomption eſt gravée dans la même grandeur, par Maſſon. La premiere eſt ceintrée, & la ſeconde quarrée. R.

15. Aſſomption, ſans titre. Panneels *fecit.* F. V. W. *Ex.* 12 p. 3 l. de h. ſur 6 p. 8 l. de l. R.

16. Aſſomption. T. *Aſſumpta eſt Maria in Cælum.* A. Lommelin, *Sculp.* G. Hendricx *Ex Ant.* 16 p. 1 l. de h. ſur 13 p. 1 l. de l.

17. Assomption, sans titre. Cœur. Vaumans, *Sculp*. P. de Bailliu *Ex*. 8 p. 6 l. de h. sur 5 p. 1 l. de l.

18. La Vierge & l'Enfant Jesus qui dort sur ses genoux, gravé en taille de bois. On en a imprimé quelques-unes en clair-obscur: Elles sont très-rares. C. Jegher *Sculp. & Ex. C. P.* 22 p. de l. sur 17 p. de h.

19. Une Vierge sur un piédestal, avec plusieurs Saints & Saintes. Au bas de l'Estampe sont St Augustin, St Sebastien, & St Georges. Il y a une Déd. *Reverendo in Christo... Abr. Van-Diepenbeke.* Hend. Snyers, *Sculp*. Abr. à Diepenbeke *Ex. Ant. C. P.* On a retouché cette planche. Pour l'avoir belle, il faut qu'on voye des blancs du papier dans la Vierge & à Ste Catherine, & que la châpe de St Augustin ne soit point partout contretaillée. 24 p. 5 l. de h. sur 17 p. 2 l. de l.

20. Cette même Estampe est gravée par Remoldus Eynhouedts. 14 p. 10 l. de h. sur 10 p. 5 l. de l. Elles sont toutes deux. B. R.

21. Une Vierge dans une niche, avec des Enfans qui tiennent des guirlandes de fruits. Il y a hüit vers & une Déd. *Quam bene Virgo... lub. mer. De-*

dicabat Cor. Galle, *Sculp. C. P.* 16 p. 6 l. de h. sur 14 p. 11 l. de l. B.

22. Ste Famille, ou l'Enfant Jesus tient un oiseau. T. *Deliciæ meæ esse cum filiis hominum.* Prov. 8 v. 31. S. à Bolsvvert. *Sculp.* 14 p. 6 l. de h. sur 11 p. 3 l. de l. B R.

23. Ste Famille, où la Vierge donne à tetter à l'Enfant Jesus. St Jean lui tient le pied, & a son autre main sur la tête d'un mouton. *Quis mihi det. . . me nemo despiciat.* J. Witdoeck, *Sculp.* Jac. Moermans *Ex. Ant. C. P. R. J. de Bert.* 14 p. 10 l. de l. sur 11 p. 9 l. de l. B. R.

24. Ste Famille, où l'Enfant Jesus dort entre les bras de la Ste Vierge. Il y a huit vers : *Quondam prægnantem Virgo. . Numinis igne fibras.* J. Witdoeck, *Sculp. Cum Grat. & P. R. J. de Bert.* 15 p. 11 l. de h. sur 11 p. de l. B. R.

25. Ste Famille, où l'Enfant Jesus & St Jean carressent un mouton. Il y a quatre vers : *Agnus adest Agnis. . . Agnus utrumque notat.* S. à Bolswert *fecit:* MM. Vanden-Enden *Ex. Ant. C. P.* 15 p. 8 l. de h. sur 11 p. de l. B. La même composition est gravée par Panneels.

26. Ste Famille, où l'Enfant Jesus caresse

resse la Ste Vierge. T. *Dilectus meus mihi, & ego illi.* Cant. 2. S. à Bolswert, *Sculp.* 15 p. 3 l. de h. sur 12 p. 3 l. de l. B. R.

27. Cette même Ste Famille est gravée par P. Pontius. Les figures ne sont que jusques aux genoux. Il y a quatre vers : *Quam bene complexum. . . stringit amor.* 8 p. 4 l. de h. sur 6 p. 6 l. de l.

28. Elle est encore gravée par Alex. Voet, & la Ste Anne est supprimée.

29. La Ste Vierge que l'Enfant Jesus embrasse. T. *Osculetur me osculo oris suis,* Cant. 1. S. à Bolswert *fecit* M. Vanden-Enden *Ex. Ant. C. P. R.* 15 p. 7 l. de h. sur 10 p. 11 l. de l. B.

30. Cette même Vierge est gravée par par J. Suyderhoef, avec quelques changemens, sur tout à la tête de l'Enfant Jesus. Il y a quatre vers : *Cum mea mens. . . sapit ipsa fames.* 7 p. de h. sur 5 p. 4 l. de l. B.

31. La Ste Vierge & l'Enfant Jesus qui est appuyé sur un berceau. T. *Virgo Dei genitrix. . . addicto pectore matrem :* sans nom de Graveur. Erasm. Quellinius *Ex. C. P.* [illegible]2 p. de h. sur 6 p. 6 l. de l.

32. La même Vierge est gravée avec le même titre, & dans la même gran-

deur, sans nom de Graveur. Je la crois gravée par M. Lasne.

33. L'Enfant Jesus sur une table, & caressant la Ste Vierge. T. *Puteus Aquarum Viventium*, Cant. 4. *Fonteyn der Hoven*, Cant. 4. S. à Bolswert *Sculp.* 10 p. 4 l. de h. sur 8 p. 10 l. de l. B.

34. La Ste Vierge & l'Enfant Jesus, à qui des Anges présentent une corbeille de fruits. T. *Sub umbra illius.. dulcis gutturi meo.* Alex. Voet Junior *Sculp. & exc. Ant.* 14 p. 8 l. de h. sur 10 p. 10 l. de l.

35. Ste Famille, où l'Enfant Jesus est appuyé sur la Ste Vierge, & St Joseph deriere elle. Il y a un Perroquet sur une colomne. T. *Miratur matrem fieri... miracula vincit.* Bolswert *Sculp.* A. Bon-Enfant *Ex. C. P. R.* 14 p. 11 l. de l. sur 11 p. 10 l. de h. B. T. R.

36. Ste Famille; l'Enfant Jesus caresse la Ste Vierge, & Ste Anne est appuyée sur un berceau. Déd. *D. Adriano pedes...., lubens merito Dedicavit.* Luc. Vostermans *Sculp. & Ex.* A°. 1620. *C. P. R. Cv P. B. & O. B.* 9 p. 4 l. de h. sur 7 p. [illegible] l. de l. B.

37. Cette même Ste Famille est gravée par M. Lasne: La Ste Anne est supprimée, & le fond est changé. Il y a

quatre vers : *Divide filiolo pia. . . Victima fero cades.* P. de Jode *Ex.* 8 p. 2 l. de h. fur 6 p. 7 l. de l.

38. Ste Famille : l'Enfant Jesus est dans un berceau qui caresse St Jean, Ste Anne à les mains jointes, & la Sainte Vierge est appuyée sur le berceau. T. *Me vocat Elia. . . Christe faveque meis.* Sans nom de Graveur. Luc Vorsterman *Ex. C. P.* 1 p. 7 l. de h. fur 9 p. de l.

39. Cette même Ste Famille est encore gravée ~~sans nom de Graveur~~, dans le Recueil du Cabinet du Grand Duc : Le Graveur s'appelle *Petrucci.* 10 p. 11 l. de h. fur 6 p. 6 l. de l. T. R.

40. La Ste Vierge qui tient l'Enfant Jesus entre ses bras, dans une bordure ovale. T. *Maria mater Dei, Regina Cœli.* J. Witdoeck *Sculp. Cum gratia & P. R.* J. Berti. 10 p. 3 l. de h. fur 7 p. 11 l. de l. B. R.

41. La Ste Vierge qui tient l'Enfant Jesus fur ses genoux : il a une boule dans sa main droite, & tient un sceptre de la main gauche. T. *Maria mater Dei, Regina Cœli.* S. à Bolsvvert *Sculp. & Ex. C. P.* 10 p. 2 l. de h. fur 8 p. de l. B.

42. La même Estampe est gravée par

Aubert, avec le même titre. 15 p. 9 l. de h. sur 11 p. 10 l. de l.

43. L'Enfant Jesus qui embrasse la Ste Vierge. St Joseph est derriere qui les regarde, & tient son menton dans sa main. T. *Felicia prorsus oscula... de Assump. B. Mariæ.* Gio. Bat. Barbé. F. 5 p. 7 l. de h. sur 4 p. 4 l. de l.

44. La Ste Vierge qui fait distiller du lait dans la bouche de l'Enfant Jesus. T. *Hyblai rores... in ore pudor.* Sans nom de Graveur. *C. P.* 5 p. 4 l. de h. sur 5 p. 1 l. de l. B.

45. Ste Famille, où St Jean veut ôter un pigeon à l'Enfant Jesus. T. *Cum essem parvulus... loquebar ut parvulus*, ad Corint. 13. M. Vanden-Enden *Ex.* 15 p. 5 l. de h. sur 6 p. 6 l. de l. R.

46. Ste Famille, où l'Enfant Jesus joue avec St Jean, qui est monté sur un mouton, & un Ange présente une corbeille de fruits à la Ste Vierge: sans titre. G. Panneels *fecit.* Celles où est l'adresse de F. V. W. *Ex.* sont retouchées. 5 p. de l. sur 4 p. 6 l. de h.

47. La Ste Vierge qui tient l'Enfant Jesus sous un bras. T. *Diva parens teneros... numine cuncta replet.* N. Lauwerts *Ex.* 5 p. 4 l. de h. sur 6 p. 1 l. de l. R.

48. La Ste Vierge qui donne à téter à l'Enfant Jesus. Il y a une Ste Anne derriere la Ste Vierge : sans titre. A. de Paulis *fecit*. 4 p. 2 l. de h. sur 3 p. 3 l. de l.

49. Une Vierge. T. *B. Maria Rosarii*. Adr. Lommelin *Sculp*. G. Hendricx *Ex*. 16 p. 3 l. de h. sur 13 p. 2 l. de l.

50. La Ste Vierge, l'Enfant Jesus, & St Jean qui joue avec un mouton : Estampe ovale, sans titre. Vorsterman *fecit*. 4 p. 7 l. de h. sur 3 p. 2 l. de l. B.

51. Une Vierge soutenue par des Anges, dont l'un lui tire un glaive du cœur. T. *O cor... dolor ille venit*. W. P. *fecit*. 10 p. 3 l. de h. sur 7 p. 8 l. de l.

52. La Ste Vierge, & l'Enfant Jesus qui dort dans un berceau : gravé à l'eau forte, sans nom de Graveur. T. *Cum essem parvulus, 1. ad Corint.* 13. M. Vanden-Enden *Ex*. 9 p. 5 l. de h. sur 6 p. 1 l. de l.

53. Une Vierge & l'Enfant Jesus. Il y a deux vers : *Diva parens teneros... numine cuncta replet*. N. Lauwert *Ex*. Anvers. 9 p. 5 l. de h. sur 6 p. 1 l. de l. T. R. Oeuvre du Roi.

54. La Ste Vierge qui tient l'Enfant Je-

fus fur fes genoux, St Jean lui préfente une corbeille de fruits : fans titre, gravé à l'eau forte fans nom de Graveur. Fran. Vanden-Wyngaerde *Ex.* 3 p. 3 l. de h. fur 2 p. 4 l. de l'Oeuvre de M. Mariette. T. R.

55. La Ste Vierge qui donne à téter à l'Enfant Jefus. T. *Meliora funt ubere tua vino*, Cant. 12. P. Pontius *Sculp.* J. Cnobbaert *Ex.* 4 p. 3 l. de h. fur 3 p. 2 l. de l. Oeuvre de Mr Mariette. T. R.

56. L'Enfant Jefus qui embraffe la Ste Vierge : Il y a un St Jofeph derriere qui à les mains jointes. T. *Ofculetur me ofculo. . Fragrantia unguentis optimis*, Cantic. cap. 1. N. Rychcmans *Sculp.* 9 p. 1 l. de l. fur 6 p. 10 l. de h. Oeuvre de M. Mariette. T. R.

57. Un Rofaire : La Sainte Vierge tient dans fes bras l'Enfant Jefus, qui a un chapelet dans fa main, & elle en donne un à un Religieux, qui a fon compagnon derriere lui. Sur le devant de l'Eftampe, eft un Evêque à genoux, & de l'autre côté une Ste qui baife un chapelet : derriere elle font trois Saints, dont un tient une croffe ; fans noms de Peintre & de Graveur. 16 pouces de haut fur 13 pouces de large. Oeuvre de M. Mariette.

SAINTS.

1. LA mort de St Antoine. Titre & Déd. *B. Antonius Ægyptius Nobilis... amicis distribuit.* P. Clouwet *Sculp.* 16 p. 3 l. de h. sur 11 p. 6 l. de l. B. R.

2. St André. T. *Andreas Apostolus & Martir.* Alex. Voet Junior *Sculp. & Ex. Ant.* 21 p. 7 l. de h. sur 17 p. 2 l. de l. B.

3. St Ambroise, sujet allégorique. Du côté droit est une figure qui représente la Prudence : il y a deux figures derriere elle. De l'autre côté est la figure d'un guerrier appuyé sur un bâton. Derriere lui est une autre figure d'homme encore appuyé sur un bâton, & au-dessus un tableau de la Ste Vierge qui tient l'Enfant Jesus entre ses bras, avec six Anges qui soutiennent des guirlandes de fruits. Rem. Eynhovedts *fecit* 14 p. 11 l. de h. sur 8 p. 5 l. de l. B. T. R.

4. St Augustin. T. *Augustinus a puerula*

apparente docetur abyssum Trinit. Alex. Voet Junior *Sculp. & Ex. Ant.* 17 p. 3 l. de h. sur 13 p. 3 l. de l. R.

5. Cette même Estampe est gravée par Jac. Neeffe. 9 p. 6 l. de h. sur 7 p. 4 l. de l.

6. St Bavon qui distribue des aumônes. Déd. *Illustrissimo ac Reverendissimo Domino... fortior astra petit. R. V. Ac.* F. Pilsen *Sculp.* 21 p. 6 l. de h. sur 13 p. 6 l. de l.

7. St Christophe, sans titre. Rem. Eynhuesdt *fecit* 10 p. 7 l. de h. sur 8 p. 5 l. de l. R.

8. St François qui reçoit les Stigmates. Gravé à l'eau forte, sans titre, & sans nom de Graveur. 5 p. 2 l. de h. sur 3 p. 9 l. de l. R.

9. St François qui reçoit les Stigmates, sans nom de Graveur. C. Galle *Ex. Ant.* 16 p. de h. sur 12 p. 4 l. de l.

10. St François qui reçoit les Stigmamates. Déd. *Ornatissimis Ludovico, &c. ex animo nuncupavit.* Luc. Vorstermans *Sculp. & Ex. Cum Privilegio Regis Christianissimi, Principum Belgarum, & Ordinum Bataviæ. C. P. R. C. P. B. & O. B.* 18 p. 6 l. de h. sur 12 p. 7 l. de l. B.

11. St François. Sans titre & sans nom

de Graveur : il s'appelle J. de Picchianti. 6 p. 11 l. de h. sur 13 p. 5 l. de l. du Cabinet du Grand Duc. T. R.

12. St François. *Cupio dissolvi & esse cum Christo Philip.* 1. La tête du St François est gravée par Corn. Visscher. P. Soutman *Ex. C. P.* 15 p. 7 l. de h. sur 13 p. de l.

13. St François d'Assise, qui reçoit la Communion. T. & Déd. *Educ de custodia... inser. Germ. Definitori, &c.* L'Estampe est ceintrée : Hend. Snyers *Sculp.* Abrah. à Diepenbeke *exc. Ant. C. P.* 21 p. 7 l. de h. sur 13 p. de l. B.

14. St Franciscus Xaverius Indiæ Orientalis Apostolus. Marinus *Sculp. C. P. R. C. P. B. & O. B.* B.

15. Cette même Estampe est copiée avec la même adresse de Gasp. Huberti & le même titre. On y a ajoûté ce titre : *Certis anni temporibus... Societatis Jesu Antuerpiæ.* 20 p. 4 l. de h. sur 17 p. 2 l. de l.

16 Titre & Déd. *S. Franciscus Xaverius obiit...* S. à Bolswert Frat. *D. D. C. C. Q.* 13 p. 6 l. de h. sur 9 p. 5 l. de l. B.

17. St François de Paule. T. *Deliciis affluens innixus.. Deum in æternum,* Ps. 72. M. Lasne *fecit.* Th. Galle *Ex.* 15

p. 2 l. de h. sur 8 p. 1 l. de l.

18. Miracle de St François de Paule. Il est dans une gloire, & les malades au bas de l'Estampe; il y a beaucoup de spectateurs. T. *Franciscus de Paula.. &c.* Corn. Colaert exc. 7 p. 7 l. de h. sur 5 p. 4 l. de l. T. R.

19. St François de Paule. Il y a au-dessus de sa tête une mitre, beaucoup d'Anges, des Religieux qui sont à l'entrée d'une porte, & à ses pieds une bêche : sans titre, sans nom de Peintre ni de Graveur. Gravé à l'eau forte. 9 p. 10 l. de h. sur 5 p. 4 l. de l. Oeuvre de M Mariette. T. R.

20. St Grégoire : à ses deux côtés, sont six Saints & Saintes. Il est sur le devant d'un portique. Au-dessus il y a un Ecusson orné de guirlandes de fruits qui sont soutenues par cinq enfants, & dans lequel est une banderolle qui porte ces mots : *S. P. Q. R.* sans nom de Graveur, & sans titre. 7. p. 5 l. de h. sur 5 p. 5 l. de l.

21. St George, sans titre. Panneels *fecit.* M. Beden 1690. 8 p. 9 l. de h. sur 6 p. 8 l. de l. T. R.

22. L'Enfant Jesus & St Jean qui jouent avec un mouton : En taille de bois. C. Jegher *Sculp.* *C. P.* 16 p. 8 l. de l. sur 11 p. 11 l. de h.

23. Titre : *S. Ignatius Loyola magna Societatis Jesu fundator.* Marinus *Sculp. C. P. R. C. P. B. & O. B.* 20 p. 1 l. de h. sur 16 p. 2 l. de l. B.

24. St Ignace de Loyola. T. & Déd. *S. Ignatius de Loyola... Bolsvvert Frat, D. D. C. C. Q.* 12 p. 6 l. de h. sur 9 p. 5 l. de l.

25. Le même St Ignace. T. *S. Ignatius de Loyola... in Sanctorum numerum relatus.* S. à Bolswert *Sculp. C. P.* 4 p. 11 l. de h. sur 3 p. 4 l. de l. B.

26. St Ignace de Loyola, & St François Xavier. T. *Societatis Jesu auctor... in sanctorum numerum relatus.* S. à Bolswert *Sculp.* 11 p. 7 l. de h. sur 8 p. 11 l. de l. B. Bolswert a gravé ces deux mêmes Saints dans deux planches séparées, dont j'ai fait la note ci-dessus.

27. St Ignace, T. *B. P. Ignatius... Canonico Antuerpiensi dignissimo D. D.* sans nom de Peintre ni de Graveur. Luc. Vorsterman *Ex, A°* 1621. *C. P.* 10 p. 7 l. de h. sur 9 p. 7 l. de l. Oeuvre de M. Mariette T. R.

28. St Ignace que les Diables maltraitent. C'est la même composition qui est gravée dans sa vie. M. Mariette en a le dessein de Rubens. On a mis par

erreur au bas de l'Estampe, Raphael inv. G. Audran *Sculp.* 4 p. 2 l. de h. sur 3 p. 7 l. de l. B.

29. St Justin Martir. Déd. *Clarissimo viro D. Baltazari. . . Salutis bene ominantes, D. D. C. Q.* J. Witdoeck *Sculp. Ant. cum gratia & P. R. J. de Berti.* Les Epreuves sous l'adresse de Fr. Vanden-Wyngaerde sont retouchées. 15 p. 6 l. de h. sur 11 p. 6 l. de l. B. T. R.

30. St Joseph. T. *Divini Carmeli patronus :* sans nom de Peintre & de Graveur. 15 p. 9 l. de h. sur 12 p. 5 l. de l. Oeuvre du Roi. T. R. D.

31. St Ildephonse. T. *S. Ildephonsus Archiepiscopus Toletanus.* H. Witdouec, *Sculp.* A° 1638. *C. P. R. C, P. B. & O. B.* 18 p. 11 l. de h. sur 13 p. 8 l. de l. B. R.

32. St Livins, Evêque de Gand. Il y a une Déd. *Perillustr. Nobilissi. Amplissimis, &c.* Cornel. Van-Caukerchen, 1657. Gasp. Hollander *Ex. Ant.* 20 p. 11 l de h. sur 15 p. 11 l. de l.

33. Titre : St Michel. Adr. Melan *Sculp.* Corn. Galle *Ex.* 15 p. 4 l. de h. sur 11 p. 4 l. de l.

34. St Laurent Martir. Déd. *Pietate Reverendo, virtute, &c. . . adfectu benivolenter inscrebat.* Luc. Vorsterman, *Sculp.*

Sculp. & Ex. A°. 1621. *Cum Privilegio Regis Christianissimi, Principum Belgarum, & Ordinum Bataviæ. C. P. R. C. P. B. & O. B.* 13 p. 8 l. de h. sur 10 p. de l. B. T. R.

35. St Pierre & St Paul sous deux portiques, gravés en une même planche. Rem. Eynhovedt *fecit.* 11 p. 7 l. de l. sur 6 p. 4 l. de l. B. R.

36. Titre : *Sancte Roche, ora pro nobis.* P. Pontius *Sculp. C. P. R. C. S. I. & O. C.* A°. 1626. C'est la plus belle Estampe que P. Pontius ait gravée. 19 p. 5 l. de h. sur 13 p. 4 l. de l.

37. St Sébastien, sans titre. G. Panneels *fecit.* 6 p. 6 l. de h. sur 4 p. de l. R.

38. Le Sacre d'un Evêque, sans titre. P. Soutman *fecit & Ex. C. P.* 11 p. 10 l. de h. sur 7 p. 9 l de l.

39. St Thomas. T. *S. Thomas Apostolus Indorum & Martir.* Jac. Neeffs, *Sculp.* Cum Privilegio Consilii Sanctioris Brabantiæ. 22 p. 5 l. de h. sur 16 p. 2 l. de l.

40. Deux Portraits gravés sur une même planche, au haut de laquelle est écrit : *S. Begga Pipini F. Brab. Dux III. S. Pipinus; J. Brabantiæ Dux.* Au bas de l'Estampe, est une Déd. *Cla-*

rissimo Præstantissimoque viro... Franc. Vanden-Wyngaerde. F. Vanden-Steen, *Sculp.* F. Vanden-Wyngaerde *Ex. Ant.* 11 pouces 6 lignes de haut, sur 6 pouces 3 lignes de large. B.

SAINTES.

1. SAinte Anne. T. *Audi filia... Rex decorem tuum*, Psalm. 44. S. à Bolswert *Sculp.* M. Vanden-Enden *Ex. C. P.* Celles sous l'adresse de G. Hendricx, sont postérieures. 15 p. 6 l. de h. sur 11 p. 8 l. de l. R. R.

2. Ste Anne, sans titre. Corn. Van-Koukercken *Sculp.* Malleiis Anteunis *Ex.* 8 p. 8 l. de h. sur 6 p. 4 l. de l.

3. Ste Agnes, sans titre. G. Panneels *fecit.* 3 p. 9 l. de h. sur 2 p. 9 l. de l. R.

4. Titre : *Sancta Barbara Virgo & Martir.* S. à Bolswert *Sculp. & Ex. C. P.* 13 p. 5 l. de h. sur 9 p. 11 l. de l. B.

5. Titre : *S. Barbara.* L. Vorsterman *Ex. C. P.* 11 p. 5 l. de h. sur 8 p. 3 l. de l. B.

6. Ste Barbe, sans titre & sans nom de Peintre. P. G. Panneels *fecit.* 3 p. de h. sur 2 p. 6 l. de l. T. R.

7. Titre : *S. Barbara.* Bolſwert *Sculp.* Mart. Vanden-Enden *Ex.* 9 p. 4 l. de h. ſur 5 p. de l. B. T. R.

8. Titre : *Sancta Barbara.* Matth. Borreſzans *Sculp.* 16 p. 2 l. de h. ſur 7 p. 6 l. de l. T. R.

9. Ste Catherine, ſans titre. Bolſwert *Sculp.* 9 p. 9 l. de h. ſur 5 p. de l. B. T. R.

10. Titre : *Sancta Catharina Virgo & Martir. paſſa eſt ſub Maximino.* Wlp. *fecit.* 19 p. de h. ſur 14 p. 7 l. de l. B. T. R.

11. Titre : *Sancta Catharina Virgo & Martir.* S. à Bolſwert *Sculp. & Ex. C. P.* 13 p. 6 l. de h. ſur 8 p. 11 l. de l. B.

12. Ste Catherine gravée ſur un deſſein que Rubens a deſſiné d'après l'Antique. Titre : *S. Catharina ex marmore Antiquo.* L. Vorſterman *C. P.* 10 p. 2 l. de h. ſur 6 p. 9 l. de l.

13. Ste Catherine gravée à l'eau forte par Rubens, ſans titre. 10 p. 10 l. de h. ſur 7 p. 4 l. de l. T. B.

14. Mariage de Ste Catherine. Déd. *Virgineo capiti Catharinæ.... Joannes Meyſſens Pictor.* P. de Jode *Sculp.* J. Meyſſens *Ex. Ant.* 15 p. de h. ſur 11 p. 10 l. de l. B.

15. Ste Cecile, demi corps; sans titre. Panneels *fecit*. F. Wyngaerde *Ex*. 5 p. 4 l. de h. sur 5 p. de l.

16. La même Sainte, & la même composition gravée par Lommelin. G. Hendricx *Ex*. 9 p. 7 l. de h. sur 7 p. 4 l. de l.

17. Ste Cecile. T. *Ficta prior... sua plectra trahit*. J. Witdoeck *Ex*. *Cum gratia & P. R* J. de Berti. B. T. R. Celles sous l'adresse de Hendricx sont retouchées. On a effacé le nom de Witdoeck, & on a mis à la place celui de S. à Bolswert. 13 p. 3 l. de h. sur 10 p. 11 l. de l. B.

18. Ste Hiltrude. T. *S. Hiltrudis Virgo*. Elle est gravée dans une bordure ovale. Il y a dans les coins quatre petits sujets dans des ronds, un cartouche au haut de l'Estampe, & un dans le bas; avec des Titres & une Dédicace : au-dessous du Cartouche est écrit, Tho. Galle *Ex*. 9 p. 4 l. de h. sur 7 p. 4 l. de l.

19. Mort de la Ste Magdelaine. T. *Gloriosus obitus Beatæ Mariæ Magdalenæ*. P. de Ballui *Sculp*. Jac. Moermans *Ex*. *C. P*. 10 p. 10 l. de h. sur 8 p. 2 l. de l.

20. La Magdelaine foulant aux pieds

ses bijoux. T. *Ite procul vestes... corpore nuda sequar.* Luc. Vorsterman *Ex. C. P.* 10 p. 10 l. de h. sur 8 p. 2 l. de l.

21. La Magdelaine qui s'arrache les cheveux, sans nom de Graveur & sans titre, gravée à l'eau forte. 7 p. 4 l. de h. sur 3 p. 9 l. de l. B.

22. Apparition de J. C. à la Magdelaine. Il y a un St Pierre, & derriere lui deux autres figures, dont une tient une Croix. T. *Remittuntur ei peccata multa, quoniam dilexit multum.* Luc. 7 sans nom de Graveur. 14 p. 1 l. de h. sur 6 p. 7 l. de l.

23. *Sancta Rosalia :* sans nom de Peintre ni de Graveur. C. Galle. 8 p. 3 l. de h. sur 4 p. 3 l. de l. Oeuvre de M. Mariette, R. D.

24. Ste Therese. Pet. Verschippen *Sculp.* N. le Cat *Ex. Ant.* 10 p. 10 l. de h. sur 7 p. 4 l. de l.

25. Ste Therese. T. *Sancta Mater, & Virgo Theresa.*

26. Ste Therese. T. *Vera effigies V. M. Anna... Obiit Bruxellis Mart.* 1641. C. Galle *Sculp. Ex.* 8 p. 8 l. de h. sur 6 p. 10 l. de l.

27. Ste Therese qui délivre des ames du Purgatoire. T. *Exstimulat Christus*

Dominus... à peccatis ſalvantur. 2. *Mach. Cap.* 12. S. à Bolſwert *Sculp.* M. Vanden-Enden *Ex. Ant. C. P.* Celles ſous l'adreſſe de G. Hendricx, ſont poſtérieures. 16 p. 3 l. de h. ſur 12 p. 6 l. de l. B.

28. Le bas de la même Eſtampe eſt gravé, avec deux Anges aux deux côtés, qui délivrent des ames du Purgatoire. 5 pouces 5 lignes de large, ſur 3 pouces 9 lignes de haut.

SUJETS
DE LA FABLE.

1. ANchiſe qui conduit Enée aux Enfers, ſans titre. Luc. Vorſterman Junior *fecit*. F. Vanden-Wingaerde *Ex*. 10 pouces 7 lignes de haut, ſur 8 pouces 5 lignes de large.

2. Apollon & Daphné, ſans titre. G. Panneels *fecit* 1631. 5 p. 7 l. de h. ſur 3 p. 4 l. de l.

3. Achille à la Cour de Lycomede, reconnu par Uliſſe déguiſé en Marchand, qui préſente des bijoux aux Princeſſes. Il y a ſix vers : *Ecce puellares oculos. . . ad arma manu*. Corn. Viſſcher *Sculp*. P. Soutman *Ex. C. P.* 19 p. 9 l. de h. ſur 16 p. 5 l. de l. B. R.

4. Cette même compoſition eſt gravée par N. Ryckmans, avec le même vers.

5. Elle eſt encore gravée à l'eau forte,

ſans titre, & ſans nom de Graveur. 17 p. 5 l. de h. ſur 13 p. 3 l. de l.

6. Le même ſujet eſt encore gravé avec quelques changemens dans le fond. On a ſuprimé le caſque qui eſt au bas de l'Eſtampe ; & celle-ci paroît copié, parce qu'elle eſt d'un autre côté. Ces trois dernieres Eſtampes ſont Rares.

7. Bacchanale, ou Bacchus ivre eſt ſoutenu par des Satyres & des Bacchantes. Il y a une *Bacchante* qui dort, en allaitant deux petits Satires. Sans titre. G. Parneels *fecit.* F. V. W. *Ex.* 5 p. 7 l. de l. ſur 5 p. 1 l. de h.

8. Autre Bacchanale. T. *Viſus hebet, fumant... pes animuſue ſuum.* J. S. S. *Sculp.* eſt le nom de J. Suyderhoef en abrégé. 12 p. 9 l. de h. ſur 10 p. 4 l. de l. B.

9. Bacchus ivre, ſoutenu par un Satire & un Maure ; le Maure tient une coupe à la main. Sans titre & ſans nom de Graveur. Il eſt gravé par J. Suyderhoef. P. Soutman *Ex. C. P.* 11 p. 3 l. de h. ſur 10 p. de l. B.

10. Bacchanale. T. *Luctantur greſſus, cerebro vindemia fervet.* Rich. Van-Orleï *fecit.* 13 p. 11 l. de h. ſur 10 p. 10 l. de l.

11. Des Nymphes ſurpriſes par des Sa-

tires qui veulent les enlever, sans nom de Peintre & de Graveur. Il est sûr que c'est Fr. Ant. Lorenzini qui a gravé cette Estampe : elle est du Cabinet du Grand Duc. 38 p. 4 l. de l. sur 21 p. 3 l. de h.

12. Combat d'Hercule, gravé en taille de bois, sans titre. Chris. Jegher *Sculp. Ex. C. P.* 24 p. 4 l. de h. sur 13 p. 3 l. de l. B.

13. Chûte de Phaeton en plafond, sans titre. G. Panneels *fecit.* 7 p. 2 l. de h. sur 6 p. 4 l. de l.

14. L'Enlévement de Proserpine. Il y a quatre vers : *Incerta volucri fertur.... fundit inanes. C. P.* sans nom de Graveur. 10 p. 9 l. de l. sur 7 p. 4 l. de h.

15. L'Enlévement d'Hippodamie, ou Combat des Lapithes. Il y a huit vers : *Duxerat Hyppodamen... erat urbis imago. Ovid. Met* L. 12 P. de Balliu *Sculp.* Nic. Lauwers *Ex. C. P.* 16 p. 2 l. de l. sur 13 p. 2 l. de h. B.

16. Jupiter & Mercure sous la forme humaine, sont rejettés de tous les habitans de la Phrigie, excepté de Philemon & de Baucis qui leur donnent l'Hospitalité. T. *Baucis & Philemon... Mercurio invisuntur.* sans nom de

Graveur. J. Meyſens *Ex.* 14 p. 6 l. de l. ſur 10 p. 6 l. de h.

17. Jugement de Paris. Titre & Dédicace : *Detur pulcherrima : Poſſidenti L. M. D. C. Q. Ægidius Hendricx.* A Lommelin *Sculp.* Il faut avoir cette Eſtampe, avant la Dédicace, & elle eſt encore très-rare avec la Dédicace. 22 p. 10 l. de l. ſur 16 p. de h.

18. La même Compoſition eſt gravée à l'eau forte par P. F. Tardieu, & terminée au burin par P. E. Moite. Il y a pour titre : *Le Jugement de Paris, gravé d'après le Tableau original de 23 pouces de largeur, ſur 18 de hauteur, qui eſt dans la Galerie de S. E. Monſeigneur le Comte de* BRUHL, *Chevalier de l'Ordre de l'Aigle Blanc, & premier Miniſtre de Sa MaJeſté le Roi de Pologne, Electeur de Saxe*, 1750. La planche eſt en Saxe.

19. Ixion trompé par Junon. T. *Viro ingenii ſubtilitate &c. affectu benevolenter inſcribit.* P. Van Sompel *Sculp.* P. Soutman *Ex.* C. *P.* 12 p. 1 l. de l. ſur 8 p. 7 l. de h. B. R.

20. Jupiter & Junon ſur des nuées, dans un ovale ; ſans titre. G. Panneels *fecit* 1637. F. V. W. *Ex.* 11 p. de h. ſur 7 p. 5 l. de l.

21. L'Assemblée des Dieux, en plafond, dans une bordure ovale, sans titre. Luc. Vorstermans Jun *Sculp.* F. Vanden-Vyngaerde *Ex. Ant.* 6 p. 5 l. de h. sur 5 p. 4 l. de l.

22. Les trois Graces en deux planches: La seconde planche représente la terre. Il y a quatre vers: *Tu sola créatorum. . . . Excepto conservatore Deo* Corn. Van-Dalen Junior *Sculp.* A. Blotelingh *Ex.* 22 p. 4 l. de h. sur 15 p. 6 l. de l.

23. Les trois Graces. T. *Gratiæ decentes alterno terram quatiunt pede.* Horat. P. de Jode *Sculp.* F. Vanden-Enden *Ex.* 16 p. 8 l. de h. sur 12 p. 7 l. de l. B.

24. L'Alliance de Neptune & de Cibelle, sans titre. P. de Jode *Sculp.* G. Hendricx *Ex.* 15 p. 3 l. de h. sur 11 p. 8 l. de l.

25. Les Nôces de Thetis & de Pelée, sans titre. F. Vanden-Wyngaerde *fecit. & Ex. C. P.* 15 p. 1 l. de l sur 10 p. 7 l. de h.

26. La Naissance d'Eresicthon. T. *Ora Miron, humeros. . . . fingere nemo potest.* P. Van-Sompel *Sculp.* P. Soutman *Ex. C. P.* 17 p. 9 l. de l. sur 12 p. 4 l. de h. B. R.

27.

27. Mars & Venus : gravé à l'eau forte, sans titre, & sans nom de Graveur. 16 p. 9 l. de h. sur 14 p. 2 l. de l. Oeuvre du Roi. T. R.

28. Méléagre qui présente la hure du Sanglier à Atalante. T. *Robora fœmineis.... sæpe virilia cedunt.* J. Meyssens *fecit & Ex.* 11 p. de h. sur 8 p. 3 l. de l.

29. La même Composition gravée par Bartsch. 12 p. 6 l. de h. sur 11 p. 3 l. de l. R.

30 Méléagre qui présente la hure du Sanglier à Atalante. T. *Atque ita sume.... Erat agmine murmur. Ovid. Met. Lib.* 6. Corn. Bloemaert *Sculp. & Ex.* 7 p. 6 l. de h. sur 6 p. de l. B.

31. Méléagre qui présente la hure du Sanglier à Atalante, sans titre. G. Panneels *fecit.* 4 p. 9 l. de l. sur 3 p. 2 l. de h.

32. Pluton qui enléve Proserpine : gravé en taille de bois, sans titre, & sans nom de Graveur. 16 p. 8 l. de h. sur 12 p. 10 l. de l.

33. Pomone qui tient une corne d'abondance, & accompagnée de deux Nymphes, sans titre. Van-Kessel *fecit aquâ forti.* G. Hendricx *Ex. Ant.* 14 p. 10 l. de h. sur 11 p. 10 l. de l.

34. Progné qui fait voir la tête de son fils, dont elle à fait manger le corps à son Mari. Il y a un titre, & quatre vers : *Prognes Ityn filium... in ora patris. Ovid. Met. Lib.* 6. Galle *Ex.* sans nom de Graveur. 18 p. 11 l. de l. sur 13 p. 9 l. de h. B.

35. Repas où il y a un Faune ivre, appuyé sur un Tigre, sans titre. Franc. Vanden-Wyngaerde *fecit aquâ forti Ex. Ant.* 15 p. 4 l. de h. sur 10 p. 11 l. de h. B.

36. Repos de Diane. Déd. *Suam Dianam... &c. P. Soutman Consecrat.* J. Louys *Sculp.* P. Soutman *Ex. C. P.* 14 p. 9 l. de l. sur 11 p. 11 l. de h. B. R.

37. Silene ivre, soutenu par des Satires. T. *Silenum patrem Bacchi... tabella hæc exhibet. P. Soutman effigiavit. C. P. A°.* 1642. 17 p. 11 l. de l. sur 15 p. 8 l. de h.

38. Cette même Estampe est gravée avec peu de changemens, & de l'autre côté, avec le même titre, sans nom de Graveur. 14 p. 1 l. de l. sur 6 p. 10 l. de h. R.

39. Silene. Il y a quatre vers : *Ebrietas mentis membrorumque... provocat ante diem.* S. à Bolswert. *D. D. F. H. D.*

Ex. 15 p. 3. l. de h. sur 12 p. 1 l. de l. B. T. R.

40. Cette même Estampe est gravée en taille de bois par Chris. Jegher *Ex. C. P.* 15 p. 10 l. de h. sur 12 p. 4 l. de l.

41. Triomphe de Bacchus, monté sur un âne. Il y a six vers : *Ecce quid immodicus. . . segnis, impetuosus, iners.* Jo. Popels *fecit.* 14 p. 4 l. de l. sur 11 p. 5 l. de h.

42. Triomphe de Venus. Il y a un titre & une Dédicace : *Venus orta mari. . . Franciscus Vanden - Enden.* P. de Jode *Sculp.* Mart. Vanden-Enden *Ex.* 19 p. 2 l. de l. sur 13 p. 8 l. de h. R.

43. Une Nymphe endormie qu'un Satire découvre, sans titre. G. Panneels *fecit.* F. V. W. *Ex.* 5 p. 11 l. de h. sur 4 p. 5 l. de l.

44. Un Retour de Chasse, où sont des Nymphes qui tiennent du gibier, & des Satires chargés de fruits & de raisins. T. *Sic vobis lassa. . . poma feraque bone.* S. à Bolswert *Sculp.* G. Hendricx *Ex. Ant.* 12 p. 11 l. de l. sur 10 p. 10 l. de h.

45. Un Satire qui presse une grape de raisin au-dessus d'un pot. Il y a un Lion qui paroît vouloir manger du

raiſin, & un autre qui dort. Vorſterman *Sculp.* Fran. Vanden-Wyngaerde *Ex.* 12 p. 2 l. de h. ſur 7 p. 6 l. de l.

46. Un Satire qui tient une corbeille pleine de raiſins, & de fruits : il eſt accompagné d'une Nymphe. T. *Mero & libidini. . . ſola mea voluptas.* Alex. Voet Junior *Sculp. & Ex. Ant.* 17 p. 3 l. de l. ſur 14 p. 2 l. de h. B. R.

47 Un Fleuve, ſans titre & ſans nom de Graveur. 3 p. 3 l. de h. ſur 2 p. 4 l. de l. R.

48. Venus ſur les Eaux. T. *Venus orta mari.* P. Soutman *delin. & ex. C. P.* 17 p. 10 l de l. ſur 14 p. 2 l. de h. T. R.

49. Venus qui alaite de petits Amours. T. *Creſcetis Amores.* Corn. Galle *Sculp.* 7 p. 6 l. de l. ſur 6 p. 2 l. de h.

50. Le même ſujet a été gravé par M. Surugue, avec quelque augmentation dans le fond. 10 p. 10 l. de l. ſur 8 p. 2 l. de h. B.

51. Venus à ſa toillette, ou l'Amour ſoutient ſon miroir, ſans titre. G. Panneels *fecit.* F. V. W. *Ex.* 5 p. 8 l. de h. ſur 3 p. 6 l. de l.

52. Venus qui pleure la mort d'Ado-

nis, sans titre. G. Panneels *fecit.* F. Wyn. *Ex.* 4 p. de h. sur 2 p. 9 l. de l.

53. Un Centaure qui enléve une femme, sans titre. Panneels *Sculp.* 6 p. 1 l. de h. sur 5 p. de l. T. R.

54. Un Satire qui tient deux flutes, dont il joue, sans noms de Peintre & de Graveur. 6 p. 5 l. de h. sur 3 p. 10 l. de l. Oeuvre du Roi. T. R. D.

55. Venus & Adonis, sans titre & sans nom de Peintre & de Graveur. Il est sûr que c'est Fr. Ant. *Lorenzini* qui a gravé ce sujet du Cabinet du Grand Duc. 38 pouces 6 lignes de largeur, sur 21 pouces 1 ligne de haut.

SUJETS HISTORIQUES, ALLEGORIQUES, ET AUTRES.

1. BAtaille de Constantin contre Maxence. Il y a un titre & une Déd. *Maxence épouvanté n'osant.......* *La petite Flandre.* Balt. Moncornet *Ex. C. P. R.* 23 p. 7 l. de l. sur 14 p. 7 l. de h.

2. Bataille de Constantin contre Maxence. Il y a un titre & une Déd. *Constantin agité... La petite Flandre.* Balt. Moncornet *Ex. C. P. R.* 20 p. 6 l. de l. sur 13 p. 6 l. de h.

3. Combat des Amazones. Déd. *Excellentissima Heroina Alathia... Petrus Paulus Rubens. L. M. D. D.* Lucas

Vorstermans *Sculp. Cum Privilegio Regis Christianissimi, Principum Belgarum, & Ordinum Bataviæ. C. P. R. C. P. B. & O. B.* 44 p. de l. sur 31 p. de h. B. R.

4. Continence de Scipion. T. *Scipio Africanus.... Valer. Max. Lib.* 4. *de Abstinentia & continentia.* S. à Bolswert *Sculp.* G. Hendrix *Ex. Ant. R.* 21 p. 6 l. de l. sur 14 p. 8 l. de h.

5. Cambise Roi de Perse, après avoir fait écorcher vif le mauvais Juge, fait mettre sa peau sur son tribunal, y fait asseoir le fils de ce Juge, & le fait Juge lui-méme. Rem. Eynhovedts *fecit.* 10 p. de h. sur 10 p. de l. R.

6. Des Armes qui ont pour Blazon une Levrette, & deux Cors-de-Chasse. Il y a deux femmes pour supports, & deux enfans au-dessus qui tiennent chacun un Cartouche armoirié. Lommelin *Sculp.* 13 p. 9 l. de l. sur 11 p. 5 l. de h. T. R. Oeuvre du Roi.

7. Des Armes qui ont pour Blazon trois coquilles : à chaque côté du Cartouche, il y en a quatre, avec un arbre & un pannier rempli de fruits. 14 p. 4 l. de l. sur 10 p. 8 l. de h. T. R. Oeuvre du Roi.

8. Figure seule dessinée par Rubens d'a-

près une Agate antique. Elle représente le Gouvernement & la Prudence. Luc. Vorstermans *Sculp.* 9 p. de h. sur 6 p. 11 l. de l.

9. Jules César sortant d'une nacelle, & abordant à Adrumete. Il arrête par le bras un homme à côté duquel est un Lion, & qui a trois serpents à ses pieds. Sujet Allégorique qui désigne la Conquête de l'Afrique, sans nom de Peintre. T. *Teneo te Africa : Quasi jam non littoris arenam, sed Regionis imperium in manibus haberet.* J. Neef *Sculp.* 13 p. 4 l. de h. sur 10 p. de l. T. R.

10. Jeu d'Enfants dans une frise, lequel représente l'Automne. Luc. Vorsterman Junior *Sculp.* Fr. Venden. Wyngaerde *Ex.* 14 p. 1 l. de l. sur 2 p. 1 l. de h. T. R.

11. Le Temps qui couronne le Travail, & qui punit la Fainéantise. T. *Tempus.* Il y a quatre vers : *Dum tempus viresque... invenit ecce manus.* Ant. Couchet *Sculp.* G. Hendricx *Ex.* 14 p. 10 l. de h. sur 12 p. 6 l. de l.

12. La Justice, la Prudence, & le Gouvernement : dessiné d'après une Agate Antique. T. *Regimen.* P. de Jode *Sculp.* G. Hendricx. *Ex.* 8 p. 7 l. de h. sur 6 p. 7 l. de l.

13. La Converſation, en deux feuilles, gravées en taille de bois. Chriſ. Jegher *Sculp. Ex. C. P.* 42 p. de l. ſur 16 p. 8 l. de h.

14. La Converſation. Il y a vingt-quatre vers, & une Déd. Rumoldus Vande-Velde. P. Clouvet *Sculp.* Romboudt Vande-Velde *Ex.* Après avoir fait tirer un petit nombre d'épreuves de cette Eſtampe, on l'a fait réimprimer avec des Vers François par derriere. Les Epreuves en ſont toujours belles. La troiſiéme Edition a été imprimée ſans vers; enſuite la planche a appartenue à Cor. Van-Merlen qui l'a fait retoucher. 22 p. 9 l. de l. ſur 15 p. 2 l. de h. B. R.

15. La Charité Romaine. Il y a une Déd. & quatre Vers: *Perilluſtri ac Reverendiſſimo... filia facta parens.* C. Van-Caukerchen *fecit & Ex.* Gaſp. de Hollander *Ex. Ant.* 15 p. 5 l. de l. ſur 12 p. de h. B.

16. La Charité Romaine, ſans titre. G. Panneels *fecit* F. V. W. *Ex.* 5 p. 2 l. de h. ſur 3 p. 5 l. de l.

17. La Charité Romaine. T. *En pia nata... Carcere preſſus erat.* Alex. Voet Junior *Sculp. & Ex.* 11 p. 1 l. de l. ſur 6 p. 5 l. de h.

18. La Vieille, le Soldat, & la Signora. Il y a ſix Vers : *Fault faire courir*... *avés mine deſcroqueur*. R. Perſyn. *fecit*. Il faut l'avoir avant l'adreſſe de Mariette R. 8 p. 3 l. de l. ſur 6 p. 2 l. de h.

19. La Broyeuſe de couleurs. Il y a dans le fond un Tableau ſur un chevalet, & au bas de l'Eſtampe deux Enfans, dont un deſſine, ſans nom de Peintre. Corn. Galle *Sculp*. 9 p. 6 l. de h. ſur 7 p. 2 l. de l.

20 L'Abondance : gravé à l'eau forte, & croqué, ſans nom de Peintre & de Graveur. 3 p 9 l. de h. ſur 2 p. 8 l de l.

21. La Famine Gravé à l'eau forte, & croqué, ſans nom de Peintre & de Graveur. Cette planche & la précédente ſont de même grandeur, & de l'Oeuvre de M. Mariette. T. R.

22. Orphée qui tire ſa femme des Enfers. Il y a quatre vers : *Une Muſique douce*. . . *feroit aboyer Cerbere*. Gravé par L. Deſplaces, & ſe vend chez lui. 16 p. 5 l. de l. ſur 12 p. 1 l. de h.

23. Repas & Bacchanale, où un Soldat donne des coups d'hallebarde à deux hommes, ſans titre. F. Vanden-Wyngaerde *fecit & Ex*. 12 p. 11 l. de l. ſur 9 p. de h.

24. Romus & Romulus allaités par une Louve Il y a quatre Vers, & une Déd. *Nostris naturam avida. . . D'Egmont Pictor Regius. C. P. R. G.* 15 p. de l. sur 10 p. 4 l. de h.

25. Seneque que l'on saigne. T. *Lucius Annius Seneca.* Alex. Voet Junior *Sculp. & Ex.* 14 p. 4 l. de h. sur 9 p. 10 l. de l.

26. On a gravé Seneque seul, sans titre. Corn. Galle. *Sculp.* 12 p. 4 l. de h. sur 7 p. 4 l. de l.

27. Sujet Allégorique qui représente la Paix. La principale figure, est l'Eloquence couronnée par la Victoire, soutenue par la Force & la Justice, & accompagnée de l'Abondance & de Mercure. Il y a quatre Genies sur le devant de l'Estampe, & un du côté droit qui brûle les Instrumens de la Guerre; près de ce dernier sont deux Esclaves enchaînés. Sans nom de Peintre ni de Graveur, & gravé à l'eau forte, dans le goût de Remaldus. 15. p. de l. sur 9 p. 9 l. de h. T. R. Oeuvre du Roi.

28. Trois Figures de Femmes habillées, qui paroissent représenter les trois Graces: elles se soutiennent l'une l'autre par les bras qu'elles ont entrelaçés.

Il y a cinq petits Amours, dont un couronne la femme du milieu, & un autre une couronne à la main, paroît conduire les Graces. Des trois autres qui sont sur le devant; l'un tient un carquois, & un autre soutient un pannier de fleurs. Cette Estampe est croquée, & gravée à l'eau forte, sans nom de Peintre ni de Graveur. T. R. Oeuvre du Roi. 9 p. 4 l. de l. sur 8 p. 2 l. de h.

29. Thomiris. T. *Satia te sanguine quem semper sitisti.* P. Pontius *Sculp. C. P. R. C. S. I. & O. C.* Les Epreuves sous l'adresse de Corn. Van-Merlen sont retouchées. 21 p. 5 l. de l. sur 14 p. 3 l. de h. B. R.

30. Trophée à la gloire de Constantin. Il y a six Vers & une Déd. *Rome goûtant le fruict. . . la petite Flandre.* Balt. Moncornet *Ex. C. P. R.* sans nom de Graveur. 13 p. 2 l. de h. sur 10 p 8 l. de l.

31. Un Plafond peint dans le Palais du Roi d'Angleterre, gravé en trois feuilles par Gribelin. Il y a cinq lignes d'écriture. Il se vend en Angleterre, chez ledit Gribelin.

32. Une These où est un St François qui porte trois boules sur ses épaules. J. C. est sur une des boules.

33. Une These de Theologie, dédiée par Henri de Bourbon, Evêque de Metz, à Louis XIII. Le Roi est représenté sur un Quadrige ou Char de triomphe, attelé de quatre chevaux. La Victoire le couronne. Les chevaux foulent aux pieds l'Erreur, l'Hypocrisie, la Rébellion. Le Char semble sortir d'un arc de Triomphe décoré de deux Statues qui représentent la Religion & la Piété, & rempli de Figures & des Génies symboliques qui soutiennent de Cartouches. Les ornemens qui accompagnent les Positions de la These, sont les Conquêtes de Louis XIII. désignées par des Plans de Places, qui sont sout[illegible] par divers Génies. Le bas de la These est terminé par deux grandes Figures qui représentent la Terre & la Mer.

34. Une These de Philosophie qui représente l'Assemblée des Dieux. Dédic. *Urbano VIIIo. Pont. Maxi* P. Pontius *Sculp.* 33 p. 2 l. de h. sur 22 p. 1 l. de l.

35. Une Tête de vieillard, avec une grande barbe, gravé en taille de bois, sans nom de Peintre ni de Graveur. 4 p. 11 l. de h. sur 3 p. 8 l. de l.

Oeuvre de M. Mariette. T. R.

36. Une Tête de vieillard gravée en maniere noire d'après un dessein, sans nom de Peintre ni de Graveur. 7 p. 5. l. de h. sur 5 p. 2 l. de l. Oeuvre de M. Mariette. R.

37. Un Sujet de quatre Figures à demi corps. Une femme qui tient la main d'une autre, paroît vouloir lui mettre une bague au doigt; derriere elles sont deux espéces de Soldats qui en montrent chacun une au doigt, sans nom de Peintre ni de Graveur. 10 p. 2 l. de l. sur 7 p. 2 l. de h. Oeuvre de M. Mariette. T. R.

38. Un tombeau représentant un Prêtre en aube & chasuble, sans titre & sans nom de Peintre ni de Graveur. 8 p. 8 l. de l. sur 4 p. 4 l. de h. T. R. Oeuvre du Roi.

39. Une frise ou les quatre Saisons sont représentées par des enfans. Il y a des animaux qui tirent un Char, sur lequel est un autre enfant. Lucas Vorsterman Junior *Sculp.* Fr. Vanden-Wyngaerde *Ex.* 14 p. 1 l. de l. sur 2 p. 9 l. de h. R.

40. Une Danse gravée à l'eau forte, par Leo-Van-Heil. Cette Danse est la

même qui se trouve dans la suite des petits paysages de Rubens, gravée par S. à Bolswert; si ce n'est qu'on a suprimé le paysage & la terrasse.

41. Une Cavalcade du Grand Turc. T. *Heu quantus armis... Imperium reparate Graiis.* P. Soutman *fecit & ex. C. P.* 10 p. 8 l. de h. sur 8 p. de l.

42. Une femme qui tient un pot à anse d'une main, & de l'autre une chandelle allumée, à laquelle un jeune garçon veut allumer la sienne; derriere lui est un Squelette. Ded. *In aula Reverendissimi... P. P. Rubens inv.* 1631. F. V. Wyngaerde *Ex.* 7 p. 7 l. de h. sur 6 p. 2 l. de l. T. R.

43. Une femme qui tient une chandelle allumée, à laquelle un jeune garçon veut allumer la sienne. T. *Quis vetet apposito... deperit inde nihil.* Sans nom de Graveur : on l'attribue à Corn. Visscher. 8 p. de h. sur 7 p. de l. B. R.

44. Une Vieille qui tient un pot à anse, d'où un petit garçon tire un charbon : sans titre. V. de Piort *Sculp.* 6 p. 5 l. de h. sur 4 p. 11 l. de l. T. R.

45. Un Berger qui étouffe un Lion. Il y a dans l'Estampe un autre Lion mort, un Mouton étranglé, & dans

le lointain un troupeau de Moutons: sans titre. Panneels *Sculp.* 5 p. 2 l. de l. sur 3 p. 10 l. de h.

46 Un Berger & une Bergere qui se tiennent la main; le Berger à sa houlette à ses pieds. Il y a dans le lointain de l'Estampe des moutons, une chevre & quelques maisons: sans nom de Peintre ni de Graveur, & sans titre. 6 p. 7 l. de h. sur 5 p. 5 l. de l. T. R.

47. Trois Bergers, & trois Bergeres ensemble: un des Bergers veut mettre la main sous la jupe d'une, une Bergere arrache la joue d'un autre Berger qui veut la caresser, & le troisiéme Berger joue de la Musette. Il y a six vers: *Ne pense pas. . . par le vent.* Sans nom de Peintre. J. Thomas *fecit.* 13 p. 1 l. de l. sur 6 p. 3 l. de h. R.

48. Une planche sur laquelle est gravée une assiete, dont le milieu représente un triomphe de Galatée, avec un pot sur lequel il y a un basrelief qui représente le Jugement de Paris, & un autre basrelief qui représente encore un autre Jugement de Paris. Theod. Rogiers *celavit argento* Jacob. Neffs *fecit aquâ forti.* G. Hendricx *exc. Ant.* 17 p. 6 l. de l. sur 13 p. 7 l. de h. R.

49. Une Vieille à sa toillette. Il y a un jeune homme qui lui tient son miroir, & une fille qui lui met une aigrette. On attribue à tort cette composition à Rubens, & la gravure à Cor. Vilscher : elle est surement de J. Lys, & l'Estampe est du Cabinet de Reynst.

50. Deux Enfans qui jouent avec des Tigres, & qui leur montrent des grapes de raisin : il y a un fond de Paysage. W. Hollard *fecit*. 7 pouces 6 lignes de largeur, sur 5 pouces de haut.

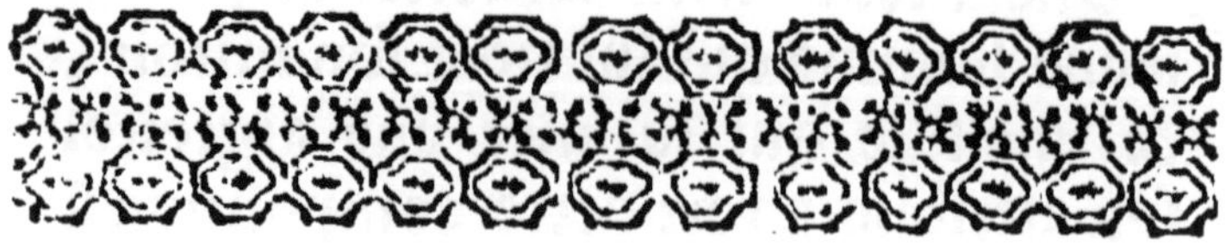

PORTRAITS.

1. PEtrus Paulus Rubens. Paulus Pontius *Sculp.* & *ex.* *C. P.* 13 pouces 7 lignes de haut, sur 9 pouces 11 lignes de largeur. B. R.

2. Le Portrait de Rubens dans une bordure ovale. T. *Excellentissimus Dominus D. Petrus Paulus Rubens.* Il y a encore trois lignes d'écriture au bas de la planche. Hollar *fecit.* F. Vanden-Vyngaerde *Ex.* 8 p. 2 l. de h. sur 6 p. 9 l. de l.

3. Le même Portrait a été gravée avec le même titre dans une bordure octogone. *Fecit D. V. Studiosissimus G. Panneels* 1630. 4 p. 11 l. de h. sur 4 p. 2 l. de l.

4. Titre de Livre, dans lequel est le Portrait de+ Rubens, & où il est écrit: *Piis Manibus Philippi Rubeni Sacr.* Corn. Galle *Sculp.* 7 p. 7 l. de h. sur 4 p. 10 l. de l. B.

5. *Carolus de Longueval Eques Velleris aurei Comes de Busquoy, Cæsarei exercitus*

+ Philippe frere du peintre [illegible] [illegible] il fut aussi secretaire de la ville d'Anvers en 1609. et mourut en 1611 à 38 ans.

Archistrategus, Tormentorum Bellicorum in Belgio Præfectus, Comit. Hannoniæ Gubernator, &c. Luc. Vorsterman Sculp. & exc. *C. P.* 21 p. 10 l. de h. sur 17 p. 7 l. de l. B. R.

6. *Excellentissimus Dominus Gaspar Gusman Comes Olivariensis, Dux Sanlucariensis de Alpizin &c. Virtute & fama inclytus.* Il y a douze vers au bas du Portrait: *Batis olivifera. . . . in orbe comas.* P. Pontius *Sculp. C. P.* La barbe a été allongée. Pour l'avoir des premieres Epreuves, il faut qu'elle n'aille que jusqu'au rabat. 22 p. 2 l. de h. sur 16 p. 3 l. de l. R. B.

7. Autre Portrait au haut duquel est écrit : *D. Isabella Clara Eugenia Hispaniarum Infans, &c.* Au bas il y a huit vers : *Cæsaribus proavis. . . Clara Isabella, tuis.* P. Pontius *Sculp.* 21 p. 2 l. de h. sur 15 p. 8 l. de l. B.

8. Ce même Portrait a été gravé sans mains dans une bordure ovale, avec cette inscription : *D. Isabella Clara Eugenia Hispaniarum infans, &c.* Il y a huit vers au bas : *O Clara, quæ prognata Claro. . . G. O. D. Genader.* Sans nom de Graveur. 13 p. 3 l. de h. sur 10 p. 7 l. de l.

9. *Isabella Clara Eugenia Conjux Alberti,*

Hispaniarum Infans, Serenissima & Potentissima Belgarum & Burgundionum Princeps. J. Suyderhoef *Sculp.* 14 p. 9 l. de h. sur 9 p. 10 l. de l.

10. Titre de Livre où est écrit : *la Peinture de la Serenissime Princesse Isabelle Claire Eugenie, Infante d'Espagne.* Corn. Galle *Sculp.* 6 p. 10 l. de h. sur 4 p. 11 l. de l. B.

11. *Serenissima Isabella Clara Eugenia, Infanti Hispaniarum, Principi & Domina Belgarum,* J. Muller *Sculptor devotionis ergo D. D. C. P.* 13 p. 11 l. de h. sur 10 p. 7 l. de l. B.

12. *Isabella Clara Eugenia.* Ce Portrait est dans une bordure ovale. Il y a deux enfans, dont l'un tient une couronne, & l'autre des Armes : sans nom de Graveur ni de Peintre. 5 p. 1 l. de h. sur 3 p. 8 l. de l.

13. *Philippus IV. Hispaniarum Indiarumque Rex Cathol. P. P.* Ce Portrait est au titre du *Recueil de l'Entrée de l'Infant.* Sans nom de Graveur. 17 p. 10 l. de h. sur 11 p. 11 l. de l.

14. *D. Philippo IV. Austrio Hispaniarum &c. Dedicabat Paulus Pontius Antuerpianus.* Ce Portrait est dans une bordure ceintrée. 16 p. 4 l. de h. sur 2 p. 2 l. de l.

15. Le même Portrait est gravé dans une bordure ovale, sans nom de Graveur. 14 p. de h. sur 12 p. 2 l. de l.

16. *D. Elisabetha Borbonia, Principi Serenissima, D. Philippi IV. Hispaniarum Indiarumque Regis Conjugi incomparabili Dedic. P. Pontius Sculptor.* Ce Portrait est le pendant du précédent. 16 p. 5 l. de h. sur 12 p. 3 l. de l.

17. *Philippus IV. Philippi III. Fil. N. Rec. . . incredibili omnium gaudio A°* 1648. Ce Portrait est le dernier de la suite des trente-huit des Comtes de Flandres, gravés par Corn. Visscher.

18. *Philippus IV. Catholicus Hispaniarum Rex & Indiarum Novique Orbis Monarcha Potentissimus.* J. Louis *Sculp.* 14 p. 9 l. de h. sur 10 p. de l.

19. *Elizabetha Philippi IV. Uxor Hispaniarum, Indiarum, & Novi Orbis Regina Potentissima.* J. Louis *Sculp.* 14 p. 9 l. de h. sur 10 p. de l.

20. Le Portrait de Ferdinand à cheval: La Victoire & la Renommée le Couronnent. Il y a dans l'Estampe & à la marge trente-sept vers : *Sta, quisquis es. . . Erem. S. Augustini.* Anton. Vanden-Enden *Ex. C. P.* 14 p. 2 l. de h. sur 11 p. 2 l. de l.

21. Le Portrait de Ferdinand à cheval,

allant au combat. Il y a quatre vers : *Cœli Progenies. . . . . spirat in effigie.* P. Pontius *Sculp.* 16 p. 7 l. de h. sur 11 p. 11 l. de l.

22. *S. Ferdinandum Hispaniarum Regem, hujus nominis tertium, Barbarorum terrorem, Catholicorum Præsidium, Patriæ Propugnatorem.* A la suite du titre est cette Déd. *Illustrissimo Domino. . . . consecrat C. Galle Ex. Ant.* 15 p. 5 l. de h. sur 12 p. de l.

23. Tit. & Déd. *S. Ferdinandum Hispaniarum Regem. . . Antuerpiæ C. Galle Ex.* 15 p. 7 l. de h. sur 12 p. de l.

24. Portrait de l'Infant, qui est dans le Recueil de l'Entrée de ce Prince : sans nom de Peintre ni de Graveur. T. *Quam forti pectore & armis.* 13 p. 3 l. de h. sur 10 p. 3 l.

25. *Albertus Archidux Austriæ & Dux Burgundiæ & Sereniss. Potentiss. Princeps Optimus.* J. Suyderhoef *Sculp.* 14 p. 9 l. de h. sur 9 p. 9 l. de l.

26. *Maximilianus Archidux Austriæ, Dux Burgundiæ, & Serenissimus Teutonici Ordinis Supremus Commendator.* J. Suyderhoef *Sculp.* 14 p. 7 l. de h. sur 9 p. 10 l. de l. B.

27. *Ludovicus XIII. Christianissimus, Gallarum & Navarræ Rex Invictissimus.* J.

Louis *Sculp.* 14 p. 12 l. de h. sur 10 p. de l.

28. *Anna Ludovici XIII. Uxor, Galliarum & Navarræ Regina Invictissima.* J. Louis *Sculp.* 14 p. 9 l. de h. sur 10 p. de l.

29. *Isabella Estensis Francisci Gonzagae Marchio. Mantovae uxor. E Titiani prototypo P. P. Rubens exc. C. P.* 15 p. 1 l. de h. sur 12 p. 8 l. de l. Sans nom de Graveur B.

30. *Imp. Caes Carolus V. Aug.* Il n'y a que la tête de peinte par Rubens. *C. P. E Titiani prototypo*, sans nom de Graveur. 15 p. 2 l. de h. sur 11 p. 9 l. de l.

31. *S. D. Cristoval Marquis de Castel-Rodr. P. Pontius Sculp.* 11 p. 6 l. de h. sur 8 p. de l. B.

32. *S. D. Manuel de Moura Cortereal,* Marq. de Castel-Rodrig. Gouverneur des Pays-Bas. P. Pontius *Sculp.* 11 p. 5 l. de h. sur 8 p. de l. B.

33. *Illustrissimus & excellentissimus Dominus Don Gaspar de Gusman, Magnus Cancellarius, &c.* Ce Portrait est Historié avec des Armes. Il y a au bas de la planche deux lignes d'écriture: *Qui Comitis dicit... Comitem atque Ducem.* Galle Junior *Sculp.* 9 p. 5 l. de h. sur 6 p. 2 l. de l.

34. *Wladiſlaus Sigiſmundus D. G. Poloniæ & Sueciæ Princeps, Elect. Magn. Dux Moſcoviæ, ſmol. Sever. Cerd. Dux.* P. Pontius *fecit. Anno* CIƆ. IƆ. XXIIII. *C. P. R. C. S. I. & O. C.* 10 p. 10 l. de h. ſur 7 p. 10 l. de l.

35. *Caſparius Gevartius Jo. F... Hiſtoriographus, Archigrammateus Antuerpianus.* P. Pontius *Sculp.* 10 p. 2 l. de h. ſur 7 p. 7 l. de l.

36. *Leonardus Leſſius è Societate Jeſu, S. Theologiæ Lovanienſis Profeſſor.* C. Galle *Sculp.* 10 p. 8 l. de h. ſur 6 p. 8 l. de l.

37. *Emanuel Sueiro Eques Militiæ Domini Noſtri Jeſu Chriſti &c. ætat. A°* 37. P. de Jode *Sculp.* 8 p. 11 l. de h. ſur 6 p. 3 l. de l.

38. *Gisberte de la Marche Episc. Leodienſis.* P. Van-Schuppe *Sculp.* 5 p. 2 l. de h. ſur 4 p. 2 l. de l. B.

39. *Illuſtriſſimus Princeps Ambroſius Spinola Marchio Seſtii & Venafri, Dux Sanſeverinus, Eques aurei Velleris, &c.* P. de Jode *Sculp.* 5 p. 5 l. de h. ſur 4 p. de l.

40. Le Portrait d'un Grand d'Eſpagne dans une ovale, dont la bordure porte cette inſcription : *Hoc virtutis opus.* Sans nom de Graveur. 3 p. de h. ſur 2 p. 6 l. de l.

41. Un Grand d'Eſpagne portant la Toiſon,

son, dans une bordure ovale, sans nom de Peintre ni de Graveur. 4 p. 5 l. de h. sur 3 p. 5 l. de l.

42. Un Portrait d'Abbé, demi-corps avec deux mains, sans son nom, ni ceux du Peintre & du Graveur. 6 p. 6 l. de h. sur 4 p. 11 l. de l.

43. *Justus Lipsius.* Dans une bordure ovale, ornée de feuilles de laurier, avec des attributs, & deux cornes d'abondance. Cor. Galle *Sculp.* 10 p. 7 l. de h. sur 6 p. 10 l. de l.

44. *Edvardus Lupus in Olissiponensi Ecclesiæ musices Præfectus*: sans nom de Graveur. 6 p. 8 l. de h. sur 4 p. 7 l. de l.

45. *Wolhegangus Wilhelmus D. G. Comes Palatinus Rheni, Dux Bavariæ, Juliæ Claviæ & Montium, &c.* Portrait dans une ovale. Jode *Ex.* 4 p. 8 l. de h. sur 3 p. 6 l. de l.

46. Le Portrait d'un Docteur de Louvain, dans une bordure ovale. J. Coelemans *Sculp.* 7 p. 6 l. de h. sur 6 p. 5 l. de l. Du Cabinet de Guille.

47. *D. Joannes Van-haure Wallai Toparcha, vir Consularis Gand.* Sans nom de Graveur. 7 p. 5 l. de h. sur 7 p. 10 l. de l.

48. Un Portrait dans une ovale avec des

cheveux courts, une petite barbe, & une draperie sur les épaules, sans nom, ni du Sujet, ni du Graveur. 2 p. 2 l. de h. sur 1 p. 8 l. de l.

49. Le Portrait d'une femme assise, tenant d'une main une coupe, & coëffée avec un bonnet & une aigrette de plumes. Déd. *Viri Nobilissimi. . . Francofurti ad Mœnum* 1631. G. Panneels *fecit*. 6 p. 3 l. de h. sur 5 p. 2 l. de l.

50. *Cosmus Medices Pater Patriæ*. Luc. Vorstermans *Sculp*. Ce Portrait est dans une bordure ronde. 4 p. 6 l. de h. sur 4 p. 5 l. de l.

51. *Carolus Austriacus*, *Infans Hispaniarum*, *filius Philippi III. natus anno* 1607, *obiit A°. Christi* 1632. P. de Jode *Ex*. 4 p. 3 l. de h. sur 3 p. 3 l. de l.

52. *Leo X. Pont. Max. Medices Laur. F.* Ce Portrait est dans une bordure ronde. Luc. Vorsterman *Sculp*. 4 p. 4 l. de circonférence.

53. *Laurentius Medices Pet. F. Cosm. Nep.* Ce Portrait est dans une bordure ronde. Luc. Vorsterman *Sculp*. 4 p. 6 l. de circonférence.

54. *Mutius Attendulus, cognomento* Sfortia. C'est un Portrait de profil, coëffé en bonnet, dans un rond de 4 p. 11 l. de

circonférence, sans nom de Graveur.

55. *Philippo IV. Hispaniarum & Indiarum Regi Catholico.* Sans nom de Peintre ni de Graveur. 4 p. de h. sur 3 p. 6 l. de l.

56. *F. Marcellinus de Barca :*

57. *F. Heliodorus de Barca.* Ces deux Pendans qui représentent des Capucins, sont dans des bordures de même grandeur, & sans nom de Graveur. 6 p. de h. sur 4 p. 3 l. de l.

58. Albert, *surnommé* le pieux, *Archiduc d'Austriche, fils de Maximilien II. frere de Rodolphe II. & de Mathias I. Empereur, prit en Mariage Isabelle Claire-Eugenie, Infante d'Espagne, laquelle lui apporta en dot la Bourgogne & les dix-sept Provinces. Il mourut sans hoirs à Bruxelles l'an 1621. Enterré en l'Eglise Collégiale de Sainte Gudule, dans la Chapelle du St Sacrement de Miracles.* P. de Jode *Sculp.* 5 p. 7 l. de h. sur 4 p. 4 l. de l.

59. *Maximilianus Archidux Austriæ.* Vorsterman. *C. P.* F. Vanden-Wyngaerde *Ex. Ant.* 5 p. 6 l. de h. sur 4 p. 11 l. de l.

60. *Serenissimus Albertus, Archidux Austriæ, Dux Burgundiæ, Princeps & Do-*

minus Belgarum : sans nom de Peintre ni de Graveur. Pet. de Jode *Ex. Obiit Anno Christi* 1621. 5 p. 8 l. de h. sur 4 p. 6 l. de l.

61. *Excellentissimus Dominus D. Manuel de Moura Cortereal Marchio de Castel-Rodrig. &c.* Sans nom de Peintre ni de Graveur. P. de Jode. 5 p. 5 l. de h. sur 4 p. 7 l. de l.

62. Un Portrait en clair-obscur, sans nom. Christ. Jegher *Sculp.* 10 p. 5 l. de h. sur 7 p. 10 l. de l.

63. *Ferdinandus II. Rom. Imp. Semp. Aug. G. H. B. Rex.* Gravé en taille de bois dans une bordure ronde. 5 p. 5 l. de h.

64. *Carolus V. Aug. Imp.* Gravé en taille de bois dans une bordure ronde de 5 pouces 8 lignes de haut.

MÉDAILLES PIERRES, CORNALINES, ET ANTIQUES.

Gravées d'après les desseins de RUBENS.

1. CAmée de la Sainte Chapelle de Paris, dont on trouve la Description dans le Commentaire Historique de Tristan, & qui représente Tibere & tous les Princes & Princesses de sa Maison. Il est de forme presque ovale, & il y a dans la partie inférieure des Soldats qui reposent. 11 p. 4 l. de h. sur 9 p. 6 l. de l.
2. Camée qui est à Vienne dans la Galerie de l'Impératrice Reine de Hongrie, & dans lequel sont représentés Auguste, Livie, & tous les Princes de sa Maison. Il y a dans la partie inférieure de Soldats qui dressent un trophée.
3. Le Triomphe d'Auguste dans un Char,

auquel sont attelés deux Centaures. Cette planche qui n'a point été achevée, est ceintrée par le haut & par le bas. 10 p. 10 l. de l.

4. Triomphe d'un Empereur dans un Quadrige, conduit par des chevaux qui terrassent des Nations : deux Victoires conduisent les chevaux. Ce Camée est de forme ovale. 8 p. 2 l. de l. sur 6 p. 6 l. de l. M. Mariette parle de ces Estampes & des ouvrages pour lesquels elles ont été faites, dans le *Traité des Pierres gravées* qu'il vient de donner au Public.

5. Outre les quatre Camées ci-dessus, il y a encore huit Estampes d'après des Antiques que l'on joint à l'œuvre. Elles sont gravées par Cor. Galle, d'après les desseins de Rubens, & tirées du Livres intitulé, *De Re Vestiaria Veterum. Antuerpiæ* 1665. *in* 4°. Cet ouvrage est d'Albert Rubens, fils de Paul.

6. Deux Portraits dans une bordure ronde composée de feuilles de laurier & de chêne, qui paroissent représenter Ferdinand & son Epouse. Il est écrit au bas de la planche : *Quod enim præstabilius aut pulchrius Dei munus, quam casti & sancti Divisque simillimi Prin-*

cipes? Plin. Paneg. Trajan. La bordure est ronde de 2 p. 2 l. de h. & de l.

7. Un Portrait en casque, & couronné de laurier dans une ovale : sans nom de Graveur. 2 p. 11 l. de h. sur 2 p. de l.

8. Un Portrait dans une ovale, avec des cheveux fort courts : une peau forme presque tout l'habillement. Sans nom, ni du Sujet, ni du Graveur. 4 p. 6 l. de h. sur 4 p. 1 l. de l.

9. Quatre Portraits de profil sur une même planche : sçavoir, *Germanicus Cæsar*, *C. Cæsar Augusti Nepos*, *Solon*, & *Socrate*. L. V. 5 p. 9 l. de h. sur 4 p. 8 l. de l. B.

10. Quatre Portraits de profil sur une même planche ; sçavoir, *Plato*, *Nicias*, *Pallas*, *Alexandre le Grand*. L. V. F. 5 p. 3 l. de h. sur 3 p. 10 l. de l. B.

11. Trois Portraits d'Empereurs de profil sur une même planche. Il sont dans des ovales séparées de 2 p. 11 l. de h. sur 2 p. 3 l. de l. Je les crois gravés par L. Vorsterman. B.

12. Un Portrait de profil d'un Empereur couronné de laurier. Il a une cuirasse d'où sortent des serpens, sans

nom de Graveur. 4 p. de h. sur 3 de l.

13. Trois Portraits de profil sur une même planche, dont un couronné de laurier, dans une ovale : deux cornes d'abondance terminent le buste, & il en sort deux bustes d'enfans. 3 p 10 l. de h. sur 3 p. 2 l. de l. Les deux Portraits au-dessus sont ronds : l'un est couronné de laurier, & l'autre est décoré d'une corne qui lui tourne autour de l'oreille ; sans nom de Peintre, ni de Graveur. 4 p. 2 l. de h. & de l.

14. Un Portrait de profil, qui a une espéce de bonnet d'où sort une corne. Il est dans une ovale, sans nom de Peintre ni de Graveur. 2 p. 5 l. de h. sur 1 p. 9 l. de l.

15. *Plato Aristonis F.* Luc. Vorsterman *Sculp.* 4 p. 10 l. de h. sur 3 p. 2 l. de l. B.

16. *L. Annæus Seneca.* Luc. Vorsterman *Sculp.* 4 p. 10 l. de h. sur 3 p. 6 l. de l. R.

17. Une planche où sont gravés 24 ronds. Il y en a seize remplis de monnoyes antiques, dans lesquels se trouvent huit têtes & huit revers. 8 p. 11 l. de h. sur 6 p. de l.

18. Une Médaille sur laquelle on lit :

S. P. Q. R optimo Principi S. C. & au-dessus, *Num. Trajani Aug.* 1.

19. Une planche sur laquelle sont deux Médailles. La premiere à cette inscription : *Honos & Virtus*, & au-dessus, *Num. Galba Aug.* On lit sur la seconde *N. O. S. H. O.* & au-dessus, *Num. Aurelii Cas.* 2.

20. Une planche sur laquelle sont trois Médailles. Dans la premiere est écrit *L. Memmii :* Dans la seconde, *Æternitas Aug. N.* Au-dessous des deux figures *Nostr.* & au-dessous, *Num. Maxentii Aug.* Dans la troisiéme *M. Fulvii Q. F. Roma.* 3.

21. Une planche sur laquelle sont deux Médailles. Dans la premiere est écrit, *Liberalitas Augusti S. C.* & au-dessus, *Num. Hadriani Aug.* Dans la seconde, *Locupletatori orbis Terrarum S. C.* & au dessus, *Num Hadriani Aug.* 4.

22. Une planche sur laquelle sont deux Médailles. Dans la premiere est écrit : *S. C.* & au dessus, *Num. Titi Aug.* Dans la seconde, au-dessus, *Num. Trajani Aug.* 5.

23. Une Médaille sur laquelle on lit, *L. Valerius.* 6.

24. Une planche sur laquelle sont deux Médailles. Au-dessus est écrit, *Num.*

L. Hostilii. Au-dessus de la seconde; *Num. L. Hostilii.* 7.

25. Une planche sur laquelle sont trois Médailles. Dans la premiere est écrit, *M. Antonius Imp. Cons. desig. iter. & tert.* Au-dessus, *Num. M. Antonii III. viri.* Dans la seconde, *R. P. C. III. Vir.* Dans la troisiéme, *R. P. C. III. Vir.* 8.

26. Une planche sur laquelle sont trois Médailles. Dans la premiere est écrit, *Paci Augusta*, & au-dessus, *Num. Claudii Aug.* Dans la seconde, *Paci Augusta*; & au-dessus, *Num. Vespasiani Aug.* Dans la troisiéme, *Imp. Cæs. Trajan. Aug. Ger. Dac. P. P. Rest.* & au-dessus, *Num D. Julii.* 9.

27. Une planche sur laquelle sont deux Médailles. Dans la premiere est écrit, *Cæsar Imp. VII.* & au-dessus, *Num. C. Cæs. Octav.* Dans la seconde, *Asia Recepta.* 10.

28. Une planche sur laquelle sont deux Médailles. Dans la premiere est écrit, *C. C... Præf.* & au-dessus, *Num. C. Jul. Cæs.* Dans la seconde, au-dessus, *Gemma vetus.* 11.

Na. J'ai les onze Planches ci-dessus imprimées sur une même feuille. Elles sont imprimées séparément dans l'Oeuvre du Roy.

TITRES DE LIVRES, ET CULS-DE-LAMPE.

ON appelle *Titre*, en fait de gravure, une Estampe mise à la premiere page d'un Livre, & qui souvent forme un Cartouche, dans lequel on imprime le Titre du Livre.

*N*ª. J'ai crû devoir changer pour les titres de Livres, la regle que j'ai suivie jusqu'ici dans les Sujets & les Portraits : m'ayant paru nécessaire, pour les bien indiquer, d'en écrire les premieres lignes, jusqu'à ce qu'il se trouvât un sens pour les bien entendre. J'ai même été quelquefois obligé d'ajouter les derniers mots des Titres ; on le reconnoitra aux points que j'y ai mis. J'ai transcrit en entier les Titres les plus courts, & j'ai marqué l'année de l'impression des Livres. Quand je n'ai point trouvé d'écriture aux Titres des Livres, j'ai fait une Description des Figures & des Attributs qui s'y trouvent : j'ai fait la même chose pour les Culs-de-Lampe.

1. *Annales sacri & ex profanis præcipui..: auctore Augustino Torniello. Tomus.* 1. 1620.

2. *Anatomia totius Augustissimæ doctrinæ B. Augustini.*

3. Le même Titre a servi pour imprimer à Louvain le Livre de *Cornelius Jansenius* Evêque d'Ypres en 1640.

4. *Augustini Mascardi Silvarum Libri IV. ad Alexandrum principem Estensem. S. R. E. Cardinalem, Theo. Galle incidit* 1622.

5. *Apostolicarum Pii quinti Pont. Max. Epistolarum Libri quinque nunc primum in lucem editi... Curâ Francisci Gaubau* 1640.

6. *Breviarum Romanum ex decreto Sacro-Sancti Concilii Tridentini restitutum,* 1628. Theod. Galle *Sculp.*

7. *Biblia Sacra cum Glossa ordinaria* 1617. J. Collaert *Sculp.*

8. *Caroli*

8. *Caroli Scribani è Societate Jesu Politico-Christianus, Philippo IV. Hispaniarum Regi D. D.* 1624. Corn. Galle *Sculp.*

9. *Commentaria in duodecim Prophetas minores auctore R. P. Cornelio à lapide,* 1625.

10. *Commentaria in Pentateuchum Mosis auctore R. P. Cornelio Cornelii à lapide* 1616.

11. *Crux triumphans & gloriosa à Jacobo Bosio descripta Libris sex.* Corn. Galle *Sculp.*

12. *Catena sexaginta quinque Græcorum Patrum in S. Lucam.. à Balthasare Corderio Antuerp. Doctore Theologo Soc. Jesu,* 1628.

13. *De Symbolis heroicis Libri IX. auctore Silvestro Petrasancta Romano è Soc. Jesu,* 1634. Corn. Galle *Sculp.*

14. *De Militia Equestri antiqua & nova ad Regem Philippum IV. Libri quinque auctore Hermanno Hugone Societ. Jesu* 1630. Corn. Galle *Sculp.*

15. *De Justitia & Jure, &c. Editio quarta auctior & Castigatior* 1627.

16. Le même Titre a servi pour faire une nouvelle Edition en 1632, & on a retouché la planche. Corn. Galle *Sculp.*

17. *De Kerckelycke Historie van de Gheboorte onses heeren Jesu-Christi, tot het*

tegenvvoordich jaer 1624. J. Collaert *Sculp.*

18. *El memorable y glorioso Viaje del Infante Cardenal D. Fernando de Austria* 1635. Marinus *Sculp.*

19. *Francisci Haræi annales Ducum seu Principum Brabantiæ totiusq. Belgii, tomi tres.* Il y a deux compositions qui portent presque le même titre, & sont toutes deux imprimées en 1633. Au second titre il y a *Tomus Tertius.*

20. *Francisci Aguilonii è Societate Jesu Opticorum Libri sex Philosophis juxta ac Mathematicis utiles* 1613.

21. *Generale Kerckelycke Historie van-de-Gheboorte ons ses H. Jesu-Christi tot het Jaer.* 1624.

22. *Generale Legende der Heylighen met het Leven Jesu-Christi en de Marie* 1619.

23. *Historica, Theologica, & moralis terræ Sanctæ Elucidatio, Tomus i.* 1639.

24. Histoire curieuse de tout ce qui s'est passé à l'Entrée de la Reine, Mere du Roi très-Chrétien dans les Villes des Pays-Bas 1632. Corn. Galle *Sculp.*

25. Diverses piéces pour la défense de la Royne Mere du Roi très-Chrétien Louis XIII.

26. *Imperatorum Romanorum numismata*

aurea. . . Hiſtorico Commentario explicata, 1627.

27. *De Contemplatione Divina Libri ſex auctore R. P. F. Thoma à Jeſu Carmelitarum excalceatorum in Belgio & Germania Provinciali* 1620.

28. *Juſti Lipſii V. C. Opera omnia poſtremum ab ipſo aucta & recenſita, nunc primùm copioſo rerum indice illuſtrata* 1737. Corn. Galle. *Sculp.*

29. *Icones Imperatorum Romanorum ex priſcis numiſmatibus ad vivum delineata, & brevi narratione hiſtoricâ illuſtrata* 1645. Corn. Galle. *Sculp.*

30. *Imperatorum Romanorum numiſmata aurea. . .* 1627.

31. Le Siége de la Ville de Dole, Capitale de la Franche-Comté, & ſon heureuſe délivrance. 1638. Corn. Galle *Sculp.*

32. *Græciæ univerſa Aſiaque Minoris & Inſularum numiſmata veterum.*

33. *Ludovici Nonni commentarius in numiſmata Impp. Julii, Auguſti, & Tiberii: Huberto Goltzio Scalptore* 1620.

34. *Ludovici Nonni commentarius in huberti Goltzii Græciam, inſulas, & Aſiam Minorem.* M. Laſne *fecit.*

35. *Luitprandi Subdiaconi Toletani & Cre-*

monensis Episcopi Opera, 1640. Corn. Galle *Sculp.*

36. *L. Annai Seneca Philosophi Operà.* 1632.

37. *Legatus Frederici de Marselaer Equitis Toparcha de Parck. Cos. Brux. ad Philipp[illegible] IV. Hispaniarum Regem.*

38. Le Voyage du Prince Don Fernand, Cardinal, Infant d'Espagne, 1620. *Marinus Sculp.*

39. *Mathia Casimiri Sarbievii è soc. Jesu Lyricorum Libri IV. Epodon Lib. unus alterq. Epigrammatum* 1632. Corn. Galle *Sculp.*

40. On a retouché ce titre, pour le faire servir à l'impression de, *Stephani Simonini Sequani S. Th. & J. Can. Doct. Silva Urbaniana, seu gesta Urbani VIII. Pont. opt. max.* 1637.

41. *Obras de Caio Cornelio Tacito.*

42. *Obsidio Bredana armis Philippi IV. auspiciis Isabella, ductu Ambr. Spinola perfecta: scribebat Hermannus Hugo, Societatis Jesu.* 1626.

43. *Opera S. Dionysii Areopagit e cum Scholiis S. Maximi & paraphrasi. Pachymera* 1633. Corn. Galle *Sculp.*

44. *R. P. Oliveri Bonarti Societ. Jesu Theologi in Ecclesiasticum commentarius, cum indicibus locupletissimis* 1634. Corn. Galle *Sculp.*

45. *R. P. Jacobi Tirini Antuerpiani è Societate Jesu commentarius in vetus & Novum Testamentum, tomis tribus comprehensus* 1632. Corn. Galle *Sculp.*

46. *Res Brasiliæ imperante Illustrissimo Comite J. Mauritio Nassoviæ Comite, &c.*

47. *Romanæ & Græcæ Antiquitatis monumenta è priscis numismatibus eruta* 1645. Corn. Galle *Sculp.*

48. *Regia via Crucis, auctore D. Benedicto Haefteno Ultrajectino reformati Monasterii Affligeniensis ordinis S. Benedicti Præposito* 1635.

49. *Repetitio de Donationibus. Ded. Illustrissimo & Excellentissimo Domino D. Georgio Adamo Borzitæ S. R. J. &c.* Corn. Galle F.

50. *Summa Conciliorum omnium. . . Auctore R. P. F. Francisco Longo à Coriolano Ordinis Fratr. Minorum S. Francisci Capucinorum* 1623.

51. *Vita Patrum: De vita & verbis Seniorum, sive Historia Eremitica Libri X.* 1628.

52. Titre sans écriture, qui représente le Gouvernement, & Mercure qui soutient un Cadran. Oeuvre du Roi.

53. Titre, sans écriture. Il y a un arbre au milieu, auquel sont attachées des armes. D'un côté est Apollon, &

de l'autre Mercure. Oeuvre du Roi.

54. *Tleven ende Spreucken der Vaderen Beschreven door Den H. Hieronymus priester ende Andere Verscheyde...* 1617. Jean Collaert *Sculp.*

55. *Veritates & sublimes excellentiæ verbi incarnati Jesu Christi D. N.... Auctore P. Francisco Bourgoineo Parisino Congregationis Oratorii Jesu Christi D. N. Presbitero.*

56. Titre de Livre, représentant la face d'un portique. On voit au milieu une pyramide chargée d'armoiries, & posée sur un grand pié d'estal, où est en basrelief la Foy tenant l'Ecusson de la Maison d'Autriche : on lit au bas de l'Estampe quatre vers Latins qui commencent par, *Utriusque mundi regna quam prope omnia !*

57. *Commentaria in Acta Apostolorum, Epistolas Canonicas & Apocalypsin à..... Sacrarum Litterarum Professore* 1627.

58. *Maphæi S. R. E. Card. Barberini, nunc Urbani P. P. VIII. Poemata* 1634.

59. *Venerabilis Patris D. Ludovici Blosii Monasterii Latiensis Ordinis Sti Benedicti in Hannonia Abbatis opera, cura & studio R. D. de Winghe Abbatis & Monachorum ejusdem Monasterii, aucta, ornata, illustrata.*

60. Vignette où ſont les Armes du Duc de Baviere. Le Cartouche eſt orné à droite d'une couronne de laurier, & à gauche de fleurs. Il y a pour ſuports un Aigle & un Paon poſés chacun ſur un fallot allumé. Il eſt ſurmonté d'une Etoile & de l'Arc-en-Ciel. Sans nom de Peintre ni de Graveur.

61. Autre Vignette pour un Livre dédié au Pape Urbain VIII. Il y a pour ſuports St Pierre & St Paul. Le Cartouche eſt ſurmonté d'une Tiarre, & de deux Clefs en ſautoir.

62. Quadre de Titre compoſé d'un Arbre Généalogique, où ſont repréſentés les Patriarches & les Rois, dont deſcend la Vierge, tenant tous un ſceptre à la main.

63. Eſtampe qui repréſente le Tombeau de J. Gevarte, célébre Juriſconſulte du Brabant, ſous les Archiducs Albert, & Iſabelle Claire-Eugenie. On lit ſon Epitaphe au milieu, & au bas ces deux vers Latins.

Huic cineri pacem requiemque precare,
Viator:
Qui Jacet hic, paci dulce paravit iter.

64. Cul de lampe, dans lequel est une poule qui couve. Au-dessus du Cartouche est une lampe allumée, & aux deux côtés un coq, & un hibou, avec une banderolle sur laquelle est écrit: *Noctu incubando diuque*. Corn. Galle *Sculp*. Ce Cul de Lampe a servi au Livre d'Architecture que Rubens a dessiné. Alex. Voet. l'a copié en petit.

65. Cul de Lampe, composé d'un Cartouche, orné de deux cornes d'abondance & de guirlandes, & contenant un globe couronné de laurier. Au-dessus est une tête autour de laquelle est écrit: *Fovet & ornat*. J. Collaert *Sculp*.

66. Cul de Lampe composé d'un Cartouche, dans lequel est un Pélican. On voit dans le lointain un St François qui reçoit les Stygmates, & une banderolle, sur laquelle est écrit, *Verus Pelicanus alit suo sanguine*.

67. Cul de Lampe, composé d'un Cartouche, orné d'une couronne de laurier, & renfermant une main qui tient un compas, entrelacé d'une banderole sur laquelle est écrit, *Labore & Constantia*. Il y a pour supports Hercule & une femme. Corn. Galle *Sculp*.

DIFFERENTES SUITES D'APRES RUBENS.

1. LA Vie de l'Enfant Prodigue en six feuilles, y compris le frontispice, au bas duquel est écrit : *Le Fils Débauché*. Dessiné & gravé par Paul Rubens. 4 p. 7 l. de h. sur 3 p. 6 l. de l.

2. Balthazar Morestin, Libraire d'Anvers, a fait imprimer un Missel d'après les desseins de Rubens. Comme il en a eu un grand débit, & que les planches qu'il a fait graver par Corn. Galle, n'ont pû fournir aux différentes impressions qu'il en a faites, il en a fait graver d'autres par Collaert, & il a pris pour ces nouvelles planchs des compositions différentes des pre-

mieres. Corn. Galle n'a point mis aux planches qu'il a gravées, *Sculp.* mais *Corn. Galle Exc.* & Collaert n'a point mis son nom à celles qu'il a gravées. On n'a mis le nom de Rubens qu'à quelques-unes de ces planches ; ce qui m'oblige de faire une Description des Sujets, pour qu'on les reconnoisse, vû qu'on en a gravés d'après Abrah. à Diepenbeke :

Voici le détail de ce Missel.

(1).

Adoration des Rois qui est la même dont j'ai fait la Description au N° 14.

(2).

La Cêne. Jesus-Christ est au bout de la table à droite, & bénit le pain qu'il tient dans sa main. Il y a deux Apôtres sur le-devant de l'Estampe, & les autres sont de l'autre côté de la table : deux lampes allumées éclairent la Salle, avec un Croissant que l'on voit à travers une fenêtre.

(3).

Un Christ. La Sainte Vierge a les mains jointes, St Jean en a une sur la poitrine, & l'autre étendue, Il paroît pénétré de douleur.

(4).

Assomption. Il y a une des Saintes Femmes à genoux qui montre avec le doigt des fleurs qui sont sur un linceuil au-dessus du Tombeau. Plusieurs des Apôtres & des Saintes Femmes les regardent. Au côté droit un Apôtre debout ayant les mains élevées, contemple la Vierge qui monte au Ciel. On voit au bas de l'Estampe une bêche sur la pierre qui couvroit le Tombeau.

(5).

La Toussaint. Sainte Catherine est assise sur l'instrument de son martire au milieu de l'Estampe. Au côté droit on voit St Henri, St Laurent, St Sebastien, un Pape & deux Cardinaux. De l'autre côté sont des Saintes de différens ordres, & au-dessus d'elles, au bas de l'Estampe, deux Saints à genoux & deux demi-corps,

(6).

David à genoux fléchissant le Ciel par sa priere. L'Ange Exterminateur tient une épée flamboyante : une partie du peuple est frappé à mort, & l'autre est en fuite.

Les sujets où le nom de *Rubens* est écrit, sont : la Nativité, l'Adoration des Rois, un Christ, où un Ange reçoit dans un Calice le sang qui sort du côté de Jesus-Christ, deux Résurections, une

Pentecôte, & une des deux Touſſaints.

3. Suite de vingt-trois Eſtampes qui repréſentent Jeſus-Chriſt, deux Vierges, quatre Anges, les douze Apôtres, & les quatre Evangeliſtes ; toutes figures en pied gravées par S. à Bolſwert & Corn. Galle. 6 p. 4 l. de h. ſur 4 p. 11 l. de l.

4. Jeſus-Chriſt & ſes douze Apôtres. Cette Suite a été gravée par quatre Graveurs, avec des différences dans les fonds.

5. Il y en a une Suite gravée à l'eau-forte, qui eſt la plus rare : elle eſt numérotée au haut de l'Eſtampe, les autres le ſont par le bas.

6. Il y en a deux autres Suites, où eſt écrit avec le nom des Apôtres, un article du Symbole. Ces quatre Suites ſont ſans nom de Graveur, à la réſerve de celle que *Ryckmans* a gravée, & où il a mis ſon nom à la premiere feuille. Elles ſont toutes d'inégales grandeurs, d'environ 6 p. 10 l. de h. ſur 5 p. 10 l. de l.

7. Rubens a peint des Plafonds dans l'Egliſe des Jéſuites d'Anvers, qui ont été brûlés par un incendie. Preiſler, Peintre & Graveur Allemand, les a gravés d'aprés des eſquiſſes ou des deſſeins.

Ces

Ces sujets sont : La Chute des Anges.
Moïse sur la Montagne en priere : Aaron, & Hur lui soutiennent les mains. *Exod.* 17 *v.* 12.
Le Grand-Prêtre Abiatar donnant à manger les pains de Proposition à David, & à sa suite.
David coupant la tête de Goliath. I. *Samuel.* 17 *v.* 51.
La Reine de Saba I. 10 *v.* 7.
La Nativité de Jésus-Christ. L'Adoration des Rois. La Cêne.
S. *Joannes Chrisostomus.* S. *Basilius.* S. *Athanasius.* S. *Gregorius Nazianzenus.*
Des Anges dans une gloire : autour de la bordure est écrit, *Maria mater gratiæ.* Ste Anne. Ste Magdelaine. Ste Catherine. Sainte Claire. Ste Cecile.
8. On a gravé à Rome une vie de Saint Ignace, dans laquelle il y a sept Estampes gravées d'après des desseins de Rubens ; Mr Mariette en a plusieurs. Il sont sans nom de Peintre & de Graveur, quoiqu'il soit sûr que toutes les Estampes sont gravées par Corn. Galle. Il y a au bas de chaque Estampe un discours Latin qui en explique le sujet ; & à la fin du Livre est une Table de trois pages en Italien, qui n'est que la Traduction de ces discours. Je ne les

transcrirai point, pour abréger ; il suffit, pour les Curieux, d'indiquer les Estampes par les numeros qui sont au bas des discours Latins, & qui sont 43. 55. 56. 64. 67. 69. 78. Le Livre contient soixante dix-neuf Estampes, non compris le Frontispice, sur lequel est écrit : *Vita beati P. Ignatii Loyolæ, Societatis Jesu Fundatoris, Romæ* 1609. 4 p. de h. sur 3 p. 6 l. de l.

9. Histoire d'Achille, avec des bordures autour, en huit morceaux qui ont été exécutés en tapisserie. Il y en a quatre en largeur, & quatre en hauteur. Ils ont été gravés par Franc. Ertinger en 1679, & en Angleterre par Ber. Baron Je n'en marque point les grandeurs, parcequ'ils n'ont point été copiés. Voici les Sujets : 1°. Achille plongé dans le Styx, par la Déesse Thetis sa Mere, pour le rendre invulnérable. 2°. Achille sous la discipline du Centaure Chiron. 3°. Achille à la Cour de Lycoméde, reconnu par Ulisse, au moyen des bijoux qu'il présente aux filles du Roi. 4°. Dispute d'Achille & d'Agamemnon. 5°. Patrocle par l'ordre d'Achille remet Briseïs entre les mains des Hérauts d'Agamemnon. 6°. Combat d'Achille & d'Hec-

tor. 7°. Thetis reçoit de Vulcain des Armes pour Achille. 8°. Achille blessé au talon.

10. Histoire de Constantin, gravée par Nicolas Tardieu, Graveur du Roi, en douze Estampes, d'aprés les Tableaux du Cabinet de Mr le Duc d'Orleans; sçavoir: 1°. Le double marlage de Constantius Chlorus, & de Maximien César. 2°. L'Apparition de la Croix à Constantin. 3°. Constantin se fait apporter l'Etendart où est le signe qu'il a vû. 4°. Bataille de Constantin contre Maxence. 5°. Défaite du Tiran Maxence. 6°. La Ville de Rome reçoit la Couronne de l'Empire des mains de la Victoire, à l'Entrée de Constantin. 7°. Les Sénateurs délivrés de prison; 8°. Trophée à la gloire de Constantin. 9°. Entrevûe de Constantin & de Crispe son fils, à Bizance. 10°. Fondation de Constantinople. 11°. Sainte Helene fait présenter la vraye Croix à Constantin. 12°. Baptême de Constantin.

11. Histoire de Decius. Il y a dix lignes d'écriture. T. *Aruspicem P. Decio Muti. . . tabulis Expressum, And. & Jos. Schumzer fratres. Alt. 9 ped. & 11 pol. Lat. 10 ped. & 7 pol.* 19 p. 3 l. de l. sur 17 p. 1 l. de h. K ij

12. Histoire de Decius. T. *P. Decium Murem Cos.., tabulis expressum, And. & Jos. Scumzer fratres. Alt. 9 ped. & 11 pol. Lat. 10 ped. & 7 pol.* 19 p. 3 l. de l. sur 17 p. 1 l. de h.

13. Histoire de Décius. T. *Decium Murem P. Trib... tabulis expressum, And. & Jos. Schumzer fratres D. D. D. Viennæ Austriæ. Alt. 9 ped. & 2 pol. Lat. 8 ped. & 10 pol.* 16 p. 10 l. de h. sur 17 p. 1 l. de h.

M. le Prince de Lichtenstein qui demeure à Vienne, possède toute l'Histoire de Decius que Rubens a peinte. Il a fait graver les trois Estampes ci-dessus pour en faire des présens, & donner des marques de l'estime qu'il fait des Tableaux.

14. Recueil de la Gallerie du Luxembourg, contenant vingt-cinq Estampes, y compris le Portrait de Marie de Médicis, celui de son pere & de sa mere, & celui de Rubens. Voici la suite des Sujets : 1°. La destinée de Marie de Médicis. 2°. La Naissance de la Reine. 3°. L'Education de la Reine. 4°. Henri IV. délibere sur son futur mariage. 5°. Le Mariage de la Reine. 6°. Le Débarquement de la Reine au Port de Marseille. 7°. La

Ville de Lion va au-devant de la Reine. 8°. L'Accouchement de la Reine, ou la Naissance de Louis XIII. 9°. Le Roi part pour la Guerre d'Allemagne. 10°. Le Couronnement de la Reine. 11°. L'Apothéose de Henri IV. & la Régence de la Reine. 12°. Le Gouvernement de la Reine. 13°. Le Voyage de la Reine au Pont de Cé. 14°. L'Echange des deux Reines. 15°. La félicité de la Régence. 16°. La Majorité du Roi Louis XIII. 17°. La Reine s'enfuit de la Ville de Blois. 18° La Reine prend le parti de la Paix. 19°. La conclusion de la Paix. 20°. La Paix confirmée dans le Ciel. 21°. Le tems découvre la vérité. Comme cette suite n'a point été copiée, je n'en marque point les grandeurs : elle est gravée par les plus habilles Graveurs du tems, & se vend chez G. Du Change, Graveur du Roi.

15. L'entrée de l'Infant, grand infolio de 189 pages, non compris la Table. Il y a quarante-trois Estampes, y compris le Titre & le Portrait de l'Infant qui est gravé par J. Neefs : Le reste est gravé par Theod. à Tulden.

16. Quatre Basreliefs qui représentent : 1°. le Triomphe de Galatée. 2°. le

Triomphe d'une Sirene. 3°. Le Triomphe d'un Triton. 4°. Le Triomphe d'une Nymphe & d'un Satyre. Ils sont tous de même grandeur, & sont gravés par Theod. Van Kessel. 11 p. 7 l. de l. sur 6 p. 7 l. de h.

17. La Chasse aux deux Lions : Il y a trois hommes à cheval, & trois renversés avec un cheval. Wlpeeuw *fecit.* Fr. de Witt., *Ex.* Celles sous l'adresse de Corn. Van-Merlen sont retouchées.

18. Cette même Chasse a été gravée par Soutman, dans la même grandeur, & avec ce Titre : *Fortiter insta qui... conteret ore leo.* 23 p. 7 l. de l. sur 16 p. 6 l. de h. B.

19. La Chasse aux deux Lions. Il y a quatre hommes à cheval, dont un est renversé, & trois à pied : un cinquiéme paroît mort, & un autre est renversé par terre. Il y a une Dédicace: *Excellentissimo Heroi Alexandro... Admiratori Domino suo.* S. à Bolswert *Sculp. & ex. C. P. R. C. S. I. & O. C.* Cette Chasse est une des plus belles & des plus rares.

20. La Chasse au Sanglier. A main droite, il y a deux femmes à cheval, & deux hommes, & un autre homme dans le milieu qui donne un coup d'épée au Sanglier. A gauche il y a qua

tre hommes, dont un ſonne du cornet. Wlpeeuw *fecit*, Fred. de Witt *Ex.* 23 p. 7 l. de l. ſur 16 p. 4 l. de h.

21. Cette même Chaſſe a été gravée par P. Soutman, avec un Titre : *Laxentur canes, ſtringantur. . ni perimis, perimet.* B.

22. La Chaſſe au Loup. T. *Euge lupos multâque. . . ſua tuta gregi.* Wlpeeuw *fecit.* 21 p. 3 l. de l. ſur 15 p. 5 l. de h.

23. Cette même Chaſſe eſt gravée par P. Soutman, Titre : *Dum vigilat paſtor. . . Deſerit arva lupus.* 22 p. 4 l. de l. ſur 16 p. 4 l. de h. B.

24. La Chaſſe au Crocodile. Wlpeeuw *fecit.* Toutes les Chaſſes gravées par Wlpeeuw, n'ont point de Titre ni de Dédicace. C. Dankertz *Ex.* Celles ſous l'adreſſe de Cor. Van-Merlen ſont retouchées. 23 p. 7 l. de l. ſur 16 p. 7 l. de h.

25. Cette même Chaſſe a été gravée par P. Soutman, avec ce Titre : *Hippotamus Crocodilum. . . deficit ipſe. manus.* B.

26. La Chaſſe au Sanglier, en deux feuilles. T. *Maſculam quicunque venationem. . . lacerent & lacerentur.* P. Soutman. *Effigiavit C. P. A°.* 1642. 29 p. 4 l. de l. ſur 16 p. de h. B. R.

27. La Chaſſe de Meléagre. Jac. Moermans *Ex. C. P.* 21 p. 11 l. de l. ſur

16 p. 3 l. de h. Celles sous l'adresse de Cor. Van-Merlen sont retouchées. B.

28. La Chasse aux trois Lions. Il y a un Tigre qui est mort. T. *In ad fectus, &c.* P. Soutman Editor. D. D. D. J. Suyderhoef *Sculp.* P. Soutman *Ex. C. P. S. C. M.* 21 p. 1 l. de l. sur 16 p. 5 l. de h. Cette Chasse est la plus difficile à trouver belle Epreuve, & la plus rare. B.

29. La Chasse aux Lions & aux Tigres. J. Moyreau *Sculp.* A Paris chez Jean Moyreau. 14 p. 11 l. de l. sur 10 p. 4 l. de h.

30. La Chasse de Diane aux Cerfs. T. *Servatur Exemplar in... Ordinis Periscelidis Equitis &c.* Jos. Goupy Londini *fecit.* 18 p. 6 l. de l. sur 10 p. 9 l. de h. B.

31. Grand Paysage, ou la vûe de Cadix, dans laquelle est représentée la Tempête d'Enée. Il y a quatre vers: *Tum mihi caruleus.... jactamur gurgite vasto. Æneid. Lib.* 3. S. à Bolswert *Sculp.* G. Hendricx *Ex. Ant.* 23 p. 9 l. de l. sur 17 p. 2 l. de h. B. Celles où il y a une Dédicace, sont postérieures.

32. Grand Paysage, représentant Jupiter & Mercure, à qui Baucis & Philemon donnent l'hospitalité. Il y a quatro Vers & une Dédicace: *Occidi una*

domus, *&c. D. C. Q. Ægidius Henrici.* S. à Bolſwert *Sculp.* G. Hendricx *Ex. Ant.* Ovid. Met. *Liv.* 1. 23 p. 6 l. de h. ſur 17 p. 2 l. de h. B.

33. Grand Payſage, repréſentant la Chaſſe de Méléagre & d'Atalante, ſans Titre. S. à Bolſwert *Sculp.* G. Hendricx *Ex.* 23 p. 8 l. de l. ſur 16 p. 10 l. de h. B.

34. Grand Payſage, qui eſt la vûe de la Campagne de Malines. Il y a quatre vers : *Temporibus certis maturam... Pectine verrit humum.* Ovid. *Lib.* 1. *de Remed. Amor.* S. à Bolſwert *Sculp.* G. Hendricx *Ex.* 23 p. 6 l. de l. ſur 16 p. 3 l. de h. Celles où il y a une Dédicace, ſont poſtérieures.

35. L'Etable, appellé communément *l'Etable à vache, où il tombe de la neige*, ſans Titre. P. Clouvet *Sculp.* G. Hendricx *Ex. Ant.* 22 p. 9 l. de l. ſur 16 p. 9 l. de h. B.

36. Une Etable remplie de vaches & de chevaux. L'Enfant Prodigue eſt à la porte de l'Etable à genoux, & garde des cochons ; ſans Titre. S. à Bolſwert *Sculp.* G. Hendricx *Ex. Ant.* 22 p. 8 l. de l. ſur 16 p. 3 l. de h. B.

37. Un Payſage, avec quatre figures, un mouton & une chevre, ſans nom

de Graveur. 14 p. 4 l. de l. ſur 9 p. 9 l. de h. Oeuvre de M. Mariette.

38. Un Payſage gravé par Coelemans, du Cabinet de Guille. 5 p. 6 l. de l. ſur 4 p. de h.

39. Quatre Payſages : le premier repréſentant une Ferme, & un Hermitage dans le lointain ; ſur le-devant de l'Eſtampe, ſont deux Hermites qui parlent à deux hommes. L. W. *fecit* F. V. W. *Ex.* 11 p. 9 l. de l. ſur 8 p. de h. Dans le ſecond, ſur le-devant de l'Eſtampe, il y a une Riviere & deux vaches, dont une eſt traite par une femme : à côté ſont deux hommes & une femme, & dans le lointain des arbres & des maiſons. Luc. Vanden *fecit.* Fr. V. Wyngaerde *Ex.* 11 p. 10 l. de l. ſur 7 p. 8 l. de h. Dans le troiſiéme, ſur le-devant de l'Eſtampe, un homme fait boire des chevaux. Il y a pluſieurs vaches dans la Riviere, & ſur les bords. On voit une femme qui porte un pot au lait, & des arbres derriere. Luc. Vanden *fecit.* F. Vanden Wyngaerde *Ex.* 10 p. 2. l. de l. ſur 7 p. 10 l. de h. Dans le quatriéme, ſont deux femmes, dont une tient un pot au lait, & l'autre ſur ſa tête un panier rempli de légumes.

On y voit de plus cinq vaches, dont une est traite par une femme, & un homme qui fait boire des chevaux. Luc. Vanden *fecit.* F. Wyngaerde *Ex.* 11 p. 1 l. de l. sur 7 p. 6 l. de h. Ces quatre Paysages sont difficiles à trouver belles Epreuves.

40. Vingt-un Paysages, dont je ne ferai point la Description, parcequ'ils sont fort connus sous le nom de *Petits Paysages de Rubens.* Il sont tous gravés par S. à Bolswert, & presque tous de même grandeur, entre 14 à 15 pouces 6 lignes de large, sur 11 pouces 6 lignes de haut.

*N*ª. Dans toutes les Oeuvres complettes, on y joint une Marine qui est rare, & qui n'est point gravée d'après Rubens.

41. Il y a encore deux Paysages de la même grandeur, & très-rares, qui ne sont point de la même suite. Le plus rare des deux, est celui où il se trouve sur le-devant & au milieu de l'Estampe, un homme qui conduit une charette remplie de légumes. Plus loin un homme & une femme qui conduisent des bœufs. Au côté gauche de grands arbres, & dans le lointain plusieurs Villages. Il y a encore des figures & des animaux répandus dans

l'Estampe. Il y a une Dédicace de six vers : *Ornatissimo viro Domino....* *D. C. Q.* Van-Kessel. Theod. Van-Kessel *fecit.* Dans l'autre on voit deux femmes, dont une tient un panier plein de fruits sur sa téte.

42. Un Paysage. T. Vûe de Flandre, *Rubens pinxit, Major Sculpsit.* 13 p. 4 l. de l. sur 9 p. 6 l. de h. Au bas est écrit : *Gravé d'après un Tableau Original de P. P. Rubens de 2 pieds 1 pouce & ¼ de largeur, sur un pied 5 pouces & ½ de hauteur.* A Paris, chez l'Auteur, rue St Jacques.

43. Un Livre de douze Têtes ou Bustes d'Empereurs & de Philosophes, dessinés d'après l'Antique : en voici les noms. 1°. *J. Cæsar. Dict. perpetuò.* 2°. *P. Cornelius Scipio Africanus;* 3°. *M. Brutus Imp.* 4°. *Imp. Nero Cæsar Augustus.* 5°. *Tullius Cicero.* 6°. *Sophocles.* 7°. *Demosthenes.* 8°. *Lucius Annæus Seneca.* 9°. *Socrates.* 10°. *Democritus.* 11°. *Hippocrates.* 12°. *Plato Aristonis.* Il y en a quatre gravés par Vorsterman, cinq par P. Pontius, deux par Withouc; & un par S. à Bolswert. B.

44. Un Livre à dessiner, contenant dix-neuf feuilles, y compris le Frontispice, au bas duquel est écrit, *Antuerpia*

pia apud Alexand. Voet Paul Pontius *Sculp.* 17 p. 7 l. de h. sur 7 p. 9 l. de l.

45. Un Livre d'Etudes de Lions de cinq feuilles. La premiere porte pour Titre : *Varia Leonum Icones à Petro P. Rubens.* Il y a quatre feuilles gravées par A. Bloteling, & une par W. Hollar. Cette suite est terminée par un Combat de bêtes infernales, sans nom de Graveur. N. Visscher *Ex.* 6 p. 4 l. de l. sur 4 l. 6 p. de h. B.

46. Pierre Paul Rubens se trouvant à Gênes au retour de son voyage d'Italie, remarqua, avec admiration, que le goût d'Architecture de cette Ville, étoit conforme aux régles des Grecs, & des Romains, & que l'Architecture barbare & Gothique, commençoit à n'être plus en usage : ce grand homme dans la vûe de rendre au Public un service digne de lui, se détermina à faire un Receuil de desseins d'Architecture des Palais antiques & modernes, & de quelques Eglises de la Ville de Gênes, qui lui parurent mériter le plus son attention.

Il parle avec éloge du Palais *Pitti* de Florence, de celui de *Farnese*, de la Chancellerie de Rome, & de *Caprarole* : mais ils lui paroissent plûtôt construits pour des Souverains, que pour des Particuliers, & il diſtingue les Palais des Premiers, par une cour qu'il place au milieu. Tous les deſſeins, les Coupes & les Plans de ces ſomptueux Palais, ſont de lui ; & il a fait graver & imprimer à Anvers ce curieux Recueil. *Rubens* s'eſt diſpenſé de donner exactement les noms des Palais, parce qu'ils pouvoient par ſucceſſion de temps changer de Maîtres : ſon unique but en mettant au jour cet ouvrage, étoit d'encourager ceux qui viendroient après lui, non-ſeulement à l'imiter, mais méme à le perfectionner.

N. Mr Mariette à dans ſon Oeuvre ſix Emblêmes qu'il prétend gravées d'après *Rubens*, & qui ſont ſans nom de Graveur : en voici la Deſcription.

1°. Deux Enfans, dont un paſſe le bras ſur l'épaule de l'autre : il a des lunettes ſur le nez, & en tient une autre paire dans la main, au travers deſquelles il regarde une mouche qui paroît auſſi groſſe qu'un Eléphant.

2°. Deux autres Enfans, dont l'un tient un flambeau ſur le devant ; l'autre, qui a un souflet à la main, regarde des cœurs qui brûlent dans un foyer.

3o. Deux autres Enfans qui conduisent des bœufs attelés à une charue. Il y a quatre figures dans le lointain, & trois maisons ; on voit des pigeons sur le toît d'une.

4°. Deux Enfans assis, l'un sur un carquois, & tenant un parasol ; l'autre un éventail à la main. On distingue en l'air une nuée qui couvre le Soleil, dont les rayons perçent au travers.

5°. Minerve armée d'un bouclier & d'une pique, avec deux Enfans, dont un tient une marotte, & l'autre un arc : un hibou voltige en l'air près de Minerve.

6°. Deux Enfans tenant un pot chacun par une anse, ou l'un d'eux verse de l'eau d'un autre vase : sur le-devant sont un carquois & un arc. Ces six Emblêmes sont de 2 p. 4 l. de h. sur 2 p. 1 l. de l. D.

Mr Mariette a de plus quatre autres sujets allégoriques.

Dans le premier une femme qui simbolise la Politique, tient par les cheveux une autre femme qui est à ses pieds. Le Temps qui est derriere ce groupe paroît s'éloigner.

2°. Mars arrêté par la Politique, paroît vouloir foudroyer la Ville de Rome, qui est assise sur des Trophées d'Armes, & couronnée par la Victoire.

3°. Diane à la Chasse avec des chiens, poursuit l'Amour, & l'arrête avec un filet. Une Nymphe qui la suit, donne du Cor de Chasse. Sur le-devant de l'Estampe est un arc, & un chien qui tient un carquois dans sa gueule.

4°. Un Roi, qui a fait asseoir la Mollesse sur son Trône, se reposant entre ses bras, tandis que la Renommée s'endort: Minerve le menace,& paroît vouloir le quitter. Deux Enfans, dont un a les Attributs de la Folie, se sont emparé des marques de la Royauté. Ces quatre Estampes ont 2 pieds 8 lignes, de large, sur 2 pieds 4 pouces de haut. T. R.

Six Vignettes pour un Livre d'Optique. La premiere feuille représente un Philosophe assis, ayant le menton appuyé sur sa main, & tenant de la main droite une plume: il est accompagné de cinq génies, dont un parle au Philosophe, & deux autres paroissent occupés à faire une Expérience. Un quatriéme est agenouillé sur une tête, où l'on voit un trou, dans lequel il passe une sorte d'outil, comme pour le sonder, & le cinquiéme parle à celui-ci.

La Seconde feuille représente un Philosophe qui a une main appuyée sur son fauteuil, & parle à trois Génies qui paroissent se mocquer de ses leçons. Le Philosophe a un œil crevé, & paroît les menaçer de la main droite. A côté de lui est un Bureau, sur lequel on voit un Globe, une Sphere & des Livres.

Dans la Troisiéme, est un Philosophe qui a les deux mains appuyées sur une table, & qui donne des leçons d'Optique à deux Génies.

La Quatriéme représente un Philosophe agenouillé & appuyé sur le bord d'une table, au bout de laquelle est une chambre noire. Il observe avec trois Génies les refractions & les effets de lumiere.

La Cinquiéme représente un autre Philosophe, observant le Colose de Rhodes, sous la Figure d'Apollon : un Génie qui est derriere lui, fait la même observation. Il est accompagné de sept autres, dont plusieurs tiennent des Instrumens de Mathématique.

La Sixiéme représente un. Athlas, portant sur ses épaules la Sphere du monde. Un Génie en l'air au-dessus de lui, tient un fallot allumé qui fait refléchir la Sphere ſur la Terre. Deux autres Génies, dont l'un tient un compas de la main droite, & l'autre le bras de celui-ci, ſont attentifs à regarder l'ombre de la Sphere.

Le Tombeau de Gevartius dans un portique, orné de quatres Têtes de Chérubins, & d'une Tête du mort. Au-deſſus, il y a deux Vertus appuyées ſur une eſpéce de cadre deſtiné à recevoir une Inſcription. Il eſt ſurmonté de deux pigeons, d'une bordure ornée encore de deux Chérubins, de Guirlandes de fruits attachées à deux anneaux, & d'une eſpéce d'urne, au-devant de laquelle il y a deux falots allumés, & une lampe au-deſſus.

Il y a une ſuite de 67 Eſtampes, appellées communément *Vélins*, & que l'on attribue à *Rubens*. Je ne voudrois point en garantir la moitié ; mais comme je les ai vûes dans l'Oeuvre du Roi, & dans pluſieurs autres, je vais en faire la Deſcription. Celles où je ne mettrai point d'adreſſe, ſont gravées par S. à Bolſwert, qui en étoit le Marchand : Il en a gravées quelques-unes pour Martin Vanden Enden : Elles ſont à quelque lignes de plus ou de moins, de 4 pouces 4 lignes de haut, ſur 3 pouces 2 lignes de large.

L'Enfant Jesus appuyé sur une de ses mains, & caressant de l'autre Saint Jean. Ils sont tous deux assis sur une terrasse. La Croix & le Mouton de St Jean sont à ses pieds.

L'Enfant Jesus ayant son bras passé sur l'épaule de St Jean. Ils caressent tous deux un Mouton.

L'Enfant Jesus assis sur un coussin posé sur des nuées, tient d'une main le Globe du Monde, qui est surmonté d'une Croix, & le bénit de l'autre.

L'Enfant Jesus caressant & embrassant la Sainte Vierge. T. *Læva ejus sub capite meo, & dextera illius amplexabitur me.* Cant. 2.

La Ste Vierge distillant du lait dans la bouche de l'Enfant Jesus. C'est la même composition, à quelque changement près dans les drapperies, que celle du N°. 44. au Chap. des Vierges : T. *Parvoque lacte pastus est, per quem nec ales esurit.*

La Ste Vierge tenant l'Enfant Jesus emmailloté entre ses bras. T. *Orditur jam nunc manibus formare tenellis, quam mox pro nobis perferet ipse, crucem.*

La Ste Vierge tenant l'Enfant Jesus emmailloté entre ses bras, & ayant la tête posée sur son front. T. *S. Maria mater Dei.*

La Ste Vierge tenant l'Enfant Jesus sur ses genoux. St Jean lui montre un pigeon, & Ste Anne est derriere lui. Il y a un Ange au côté droit de l'Estampe. T. *Ego diligentes me diligo, & qui mane vigilant ad me, invenient me.* Prov. 8.

La Ste Vierge tenant l'Enfant Jesus emmailloté dans un de ses bras, & lui mettant un doigt sur la lévre inférieure. Il y a trois Anges, & quatre têtes de Chérubins. T. *Quis mihi det te fratrem meum sugentem ubera matris meæ, ut inveniam te foris & exosculer.* Prov. 8.

La Ste Vierge tenant l'Enfant Jesus sur ses genoux, & appuyant sa joue sur sa tête. Sans titre.

Silence, où l Enfant Jesus dort sur les genoux de la Ste Vierge, & St Jean lui tient les deux mains. T. *Obdormit ecce Jesulus, formosus ille Jesulus, compescito labellula.*

La Ste Vierge tenant l'Enfant Jesus entre ses bras, lequel caresse St Jean qui est derriere lui avec sa croix. Sans Titre.

La Ste Vierge tenant entre ses bras l'Enfant Jesus, qui a une de ses mains appuyée sur sa joue, & l'autre sur sa poitrine. On voit un bout de berçeau. T. *Sancta Maria, ora pro nobis.*

L'Enfant Jesus dormant sur les genoux de sa Ste Mere, & tenant une poire dans sa main. T. *S. Maria mater Jesu, ora pro nobis.*

La Ste Vierge jouant avec l'Enfant Jesus, qui paroît vouloir se cacher sous un voile. Il y a trois têtes de Chérubins. Sans titre.

L'Enfant Jesus, la Ste Vierge, & St Joseph à table faisant la priere avant de prendre leur repas : appellé communément le *Benedicite*. Sans titre.

L'Enfant Jesus debout sur les genoux de sa Ste Mere, ayant une main posée sur son bras, & la caressant de l'autre. Sans titre.

L'Enfant Jesus sur les genoux de sa Ste Mere, mettant une bague au doigt de Ste Catherine, qui est à droite de l'Estampe. Sans titre.

La Ste Vierge tenant l'Enfant Jesus sur ses genoux, mettant une bague au doigt de Ste Catherine, qui est à la gauche de l'Estampe. Sans titre.

Nativité, ou Adoration des Bergers. Sans titre. Mart. Vanden-Enden. *Ex C. P.*

Adoration des Rois, sans titre. Mart. Vanden-Enden *ex. C. P.*

L'Enfant Jesus debout sur une table, ayant la main droite posée sur le Globe du Monde, & l'autre passée au col de la Ste Vierge, qui soutient le Globe de la main droite, & tient de la gauche un Sceptre. Sans titre.

Un Christ. T. *Jesus Dei filius, Rex regum.*

La Ste Vierge faisant le regard du Christ. T. *Maria mater Dei, Regina Cæli.*

Un Regard de Christ, dont la tête est vûe de trois quarts : Il y a trois têtes de Chérubins. T. *Jesus Dei filius, Rex Regum.*

La Ste Vierge ayant une couronne sur la tête, & tenant un septre de la main gauche, & de l'autre le Globe du Monde. L'Enfant Jesus de bout, ayant la main droite posée sur le Globe, & l'autre passée au col de sa Sainte Mere. Sans titre.

S. Antonius de Paduâ. Mart. Vanden-Enden *exc. cum priv.*

S. Joseph nutritie Jesu, ora pro nobis.

S. Ignatius de Loiola.

Sanctus Bernardus. S. Antonius. Mart. Vanden-Enden *excudit cum priv.*

S. Franciscus de Paula, Sacri Ordinis Minimorum institutor.

S. Hubertus. Mart. Vanden-Enden *exe. cum priv*

S. *Joannes Baptista. S. Franciscus. S. Augustinus. S. Paulus.*

St Jean tenant un Calice, sur le bord duquel on voit un Dragon.

St Joseph, & l'Enfant Jesus tenant une branche de Lys.

St Joseph tenant entre ses bras l'Enfant Jesus qui couronne une Sainte. Sans Titre.

S. *Dorothea. S. Theresia à Jesu. S. Margareta. Sancta Clara. S. Catharina Senensis. S. Maria Magdalena.*

S. *Maria Magdalena.* T. *Vanitas vanitatum, & omnia vanitas. Ecclesiast.* 1. La tête est vûe un peu plus que de profil.

S. *Maria Magdalena.* T. *Vanitas vanitatum, & omnia vanitas. Ecclesiast.* La tête est vûe de front. On lit à la suite du Titre: *Scimus quoniam cum apparuerit, similes erimus, & videbimus eum sicuti est.* 1. Luc. 3.

S. *Maria Magdalena.* Elle prie Dieu devant un Crucifix. T. *Inveni quem diligit anima mea, tenui eum, nec dimittam.*

S. *Maria Magdalena*: Elle a la tête baissée, & prie Dieu devant un Crucifix qui est posé sur une terrasse. Les cinq Magdelaines ci-dessus sont demi-corps.

S. *Lucia. S. Maria Magdalena. S. Helena. S. Agnes. S. Ursula. S. Agatha.*

S. Apollonia. Mart. Vanden-Enden *excud.*

S. Agnes. Mart. Vanden-Enden *excud. cum priv.*

S. Catharina. Elle tient un Livre à la main. Mart. Vanden-Enden, *exc. C. P.*

S. Catharina.

Ste Catherine, les deux mains posées sur l'instrument de son Martire, tenant de la droite une épée, & de la gauche une palme.

S. Cecilia. Elle joue de l'Orgue; la tête est de profil. Autre Ste Cecile dont la tête est de trois quarts. A toutes les deux est un Ange à côté de leur Orgue.

Visitation de la Ste Vierge.

Ste Anne montrant à lire à la Ste Vierge.

S. Maria Magdalena. Elle est à genoux dans une Grotte, priant Dieu, & regardant le Ciel, d'où il sort des rayons. Au bas de l'Estampe est écrit: *P. P. Rubens.* C. Galle.

FIN.

ŒUVRE
DE
JACQUES JORDAENS.

A

CATALOGUE DE L'ŒUVRE DE JACQUES JORDAENS.

ACQUES JORDAENS, nâquit à Anvers en 1594. Sa vie fut de 84. ans, n'étant mort qu'en 1678. Il fut éléve d'Adam Van-Ort. Ayant été infatigable pendant le cours d'une si longue vie, on juge bien que le nombre de ses Tableaux est immense ; les Palais des Princes d'Allemagne en sont ornés ; les Eglises & les maisons particulieres de Flandres en sont pleines. Les engagemens qu'il prit fort jeune par son mariage avec la fille de son Maître, l'empêcherent d'aller en Italie, pour y étudier d'après les grands Peintres. Il avoit une grande admiration pour les Tableaux du Titien, de Paul Veronèse, de Carayage, & du Baſſan. Il en a copié un grand nombre, ce qui l'a rendu un des plus grands Peintres de Flandres pour le coloris : il a encore beaucoup étudié la Nature, & y a fait de grands progrès. On lui attribue d'avoir peint la plus grande partie des Tableaux de la galerie de Rubens. On dit que ce ſçavant Peintre l'appréhendoit pour la beauté de ſon coloris, & pour l'intelligence de ſes lumiéres : & beaucoup de Connoiſſeurs lui donnent la préférence ſur Rubens dans ces deux parties de la peinture. Il a beaucoup travaillé pour Rubens, ce qui lui a fait beaucoup prendre de ſa maniére. On lui reproche d'avoir été lourd dans ſes figures qu'il a ſouvent forcées ; ce défaut ne ſe trouve cependant point dans tous ſes Tableaux ; & la plus grande partie des Eſtampes qu'il a gravées, ou que d'autres ont gravé d'après-lui, le prouvent bien : les compoſitions en ſont belles, ſages & bien dessinées. Son Oeuvre est peu nombreuse, & ne renferme que trente-une Estampes. Il y a apparence que c'est lui qui les a toutes fait graver, à la réserve des deux qui représentent la Folie : j'en juge ainsi, parce qu'il n'y a point d'adresse de Marchand dans les premiéres épreuves, & que quand il y en a, elles sont postérieures. Dans les belles épreuves, à la suite de son nom, il y a seulement, *Cum Privilegio Regis*. Il auroit été à souhaiter pour les Amateurs, que le nombre en fût plus grand, & on peut les mettre au rang des plus belles que l'on ait d'après les plus grands Maîtres de Flandres. Tous les sujets en sont gracieux, & les caractères de tête des mieux exprimés : les effets de lumiére en sont surprenans, & surpassent, si j'ose le dire, ceux de toutes les Estampes que l'on ait encore gravées; les Graveurs s'y sont surpassés. *S. Chelte à Bolswert*, n'a rien gravé de mieux, que le *Jupiter nourri par les Satyres*, le *Dieu Pan qui garde des chévres en jouant de la flûte*, & le *Concert*; *Io. Paul Pontius*, que le *Roi-boit*; *Marinus*, que *la Sainte Apoline*; *P. de*

Jode, que *la Nativité*, & le *S. Martin*.

Comme cette Oeuvre est fort petite, je changerai la méthode que j'ai suivie dans celle de Rubens : j'en donnerai les titres en entier, & quand il y aura des vers, j'en transcrirai les deux premiers, en conservant même les fautes d'ortographe qui s'y rencontreront, comme dans les titres.

PORTRAIT
DE JACQUES JORDAENS.

J'ai transcrit ce petit abrégé avec les fautes d'ortographe.

N°. 1. EXCELLENT peinctre en grand, il faict connoistre son esprit relevé par sa belle maniere de peindre, est inventif en toute sorte d'ordonances, soit en poësie, histoires, en dévotion & d'autres; il a faict les belles choses *racourtantes* pour le Roy de Suede, & plusieurs autres Princes & Seigneurs, est né à Anvers l'an 1594 le 19. May, a faict son apprentisage chez son beau pere Adam Van Oort, tenant sa demeure en la ville de sa naissance. *Jac. Jordaens pinxit*, *Pet. de Jode Sculpsit*. Jo, Meyssens, *Excudit*. Cinq pouces deux lignes de haut, sur quatre pouces une ligne de large.

2. Nativité. Titre : *Ridet, & in stipulâ veniam peccantibus offert, Clementis speciem quàm benè parvus habet.* Jac, Jordaens, *invent. &*

pinxit, *Cum Privilegio. Pet. de Jode Sculpsit.* 19 p. 7. l. de l. sur 15 p. 7 l. de h.

3. Nativité. Il y a quatre vers : *Nectare & Ambrosia cives qui pascit Olympi, Pastorum vili pascitur ecce cibo.* Jac. Jordaens *pinxit cum Privilegio.* Marinus *Sculpsit.* 15 p. 10 l. de h. sur 12 p. 7 l. de l.

4. Fuite en Egypte. Il y a quatre vers : *In Pharios Christus vehitur, cito lapsat Adonis : Quid mirum tenebræ sole oriente labant.* Jac. Jordaens *pinxit, cum Privilegio.* P. Pontius *Sculpsit.* Il faut l'avoir avant l'adresse de A. Bloteling. 20 p. 8 l. de l. sur 15 p. de h.

5. Fuite en Egypte sans titre, gravée à l'eau-forte ; par Jac. Jordaens, *inventor.* 1652. 10 p. 7 l. de h. sur 7 p. 2 l. de l.

6. Jesus-Christ qui chasse les Vendeurs du Temple, sans titre, gravé à l'eau-forte ; par Jac. Jordaens, *inventor.* 12 p. 2. l. de l. sur 9 p. 5 l. de h.

7. Jesus-Christ interrogé devant Caïphe. Titre : *Tunc Princeps Sacerdotum scidit vestimenta sua, dicens, blasphemavit.* Jac. Jordaens, *invent.* Marinus *Sculpsit.* M. Vanden-Enden, *Ex. C. P. Ant.* Celles sous l'adresse de Gilles Hendricx, sont postérieures. 15 p. 5 l. de h. sur 12 p. 3 l. de l.

8. Jordaens a encore fait le même sujet, où on a mis le même titre. Toutes les figures sont différentes, à la réserve du soldat, qui va donner un soufflet à Jesus-Christ. Cette Estampe est sans nom de Graveur, & se vend chez M. Vanden-Enden, 14 p. 1 l. de h. sur 10 p. 11 l. de l.

9. Jesus-Christ devant Pilate. Titre : *Et vinc-*

tum adduxerunt, & tradiderunt eum; Pontio Pilato Præsidi, Matt. 27. Jac Jordaens, *invent*. Jac. Neefs, *Sculp*. Mart. Vanden-Enden, *excudit cum Privilegio Antuerpiæ*. Celles sous l'adresse de G. Hendricx, sont postérieures. 15 p. 7 l. de h. sur 12 p. 3 l. de l.

10. Christ. Il y a quatre vers : *Aspice peccator, pro te dominator olympi, Calvariis pendet victima cæsa jugis*. Jac. Jordaens, *inventor & pinxit*. Scheltius à Bolsvvert, *Sculpsit*. Il faut l'avoir avant le *Cum Privilegio Regis*, qui est entre les quatre vers. 23 p. 1 l. de h. sur 15 p. 7 l. de l.

11. Descente de Croix, sans titre, gravée à l'eau-forte par Jordaens : Jac. Jordaens, *inventor* 1652. 10 p. 7 l. de h. sur 8 p. 3 l. de l.

12. *S. Martinus Turonensis Episcopus, Energumenum Tetradii proconsularis servum à dæmonio liberarat : Tetradius cognita Dei virtute Baptismi gratiam percepit*. Il y a à la suite une Dédicace de trois lignes. Jac. Jordaens, *pinxit Cum Privilegio Regis*. *Petrus de Jode Sculpsit*. 25 p. 9 l. de h. sur 17 p. 7 l. de l.

13. Sainte Apolline, à qui on arrache les dents. Il y a quatre vers : *Artis opus laudas oculo censore, viator, Sculptoris cæli peniculumque ducem*. Jac. Jordaens, *pinxit Cum Privilegio*. Marinus *Sculpsit*. 23 p. 3 l. de h. sur 16 p. 8 l. de l.

14. Le Roi boit. Titre : *Diligentes in vino noli provocare, multos enim exterminavit vinum*. Ecclesiast. cap. 31. Jac. Jordaens, *pinxit Cum Privilegio*. Paul Pontius, *Sculpsit*.

21 p. 6 l. de l. sur 14 p. 2 l. de h.

15. Argus garde Jo, & Mercure, après l'avoir endormi, se prépare à lui couper la tête. Il y a six vers : *Centum oculos Argus vigili cervice gerebat, Hos tamen incautos sopit Atlantiades*. Jac. Jordaens, *invent. & pinxit cum Privilegio*. Schelte à Bolsvvert, *Sculpsit*. Il faut l'avoir avant l'adresse de A. Bloteling. 16 p. 2 l. de l. sur 14 p. 4 l. de h.

16. Mercure coupe la tête à Argus : gravé à l'eau-forte par Jordaens ; Jac. Jordaens, *invent*. 1652. sans titre & sans adresse. Celles avec l'adresse de A. Bloteling, sont retouchées. 9 p. de h. sur 7 p. 10 l. de l.

17. Io : c'est le moment où Jupiter l'arrête, & que Junon dissipe le brouillard ; gravé à l'eau-forte par Jordaens, sans titre. Jac. Jordaens, *inventor* 1652. 13 p. de l. sur 9 p. 6 l. de h.

18. Jupiter & Mercure sous la forme humaine, sont rejettés par tous les habitans de la Phrygie, excepté de Philemon & de Baucis, qui leur donnent l'hôpitalité. Il y a six vers : *Accubuere Dei, quid agat cum Baucide conjux, Unus ubi villæ pauperis anser opes*. Jac. Jordaens, *invent. & pinxit Cum Privilegio*, Nicol. Lauvvers, *Sculp*. Celles avec l'adresse de A. Bloteling, sont postérieures. 20 p. 5 l. de l. sur 17 p. 1 l. de h.

19. Jupiter enfant, nourri de lait de chévre parmi les Satyres. Une femme exprime le lait du pis d'une chévre, pour aider l'enfant à téter. Un Satyre arrête d'u-

ne main la chévre par une corne, lui passe l'autre sous le col, & s'appuie sur son épaule; derriere lui un autre Satyre joue de la flûte. Gravé à l'eau-forte par Jordaens, sans titre; Jac. Jordaens, *invent.* 1652. 10 p. 6 l. de l. sur 7 p. 3. l. de h.

20. Le même sujet que ci-dessus. Jupiter pleure en montrant un pot à une femme qui trait une chévre, & un Satyre joue du tambour de basque. Il y a quatre vers: *Quid mirum natura Jovis si cedat amori, Et vaga per thalamos ambulet illicitos?* Jac. Jordaens *invent. cum Privilegio.* S. A. Bolsvvert, *Sculpsit.* Cette Estampe & la suivante sont les plus belles qu'on ait gravées d'après Jordaens. Il faut les avoir avant l'adresse de A. Bloteling. 17 p. 2 l. de l. sur 12 p. 9 l. de h.

21. Le Dieu Pan garde des chévres & des moutons en jouant de la flûte. Il y a quatre vers: *Pan sedet, & viridi ridens sub tegmine fagi, Depromit lepidos gutture dulce sonos.* Jac. Jordaens, *invent. pinxit.* S. A. Bolsvvert, *Sculpsit.* 15 p. 8 l. de l. sur 11 p. 8. l de h.

22. La Folie tient un chat dans la main. Titre: *Fatuo ridemur in uno.* Il y a huit vers, quatre François & quatre Hollandois, J. Jordaens, *invent.* Alex. Voet *junior Sculpsit & Excud.* 15 p. 9 l. de h. sur 12 p. 2 l. de l.

23. La Folie tient un hibou. Une femme derriere elle appuie une main sur son épaule, & de l'autre la montre au doigt; elles rient toutes deux. Il y a huit vers,

quatre Hollandois & quatre François, *Al Syn wy maer met ons twee*, *Doch ons geslacht is sterck.* Jac. Jordaens, *pinxit.* Petr. Jode, *Sculpsit.* Nicolas le Cat, *Excudit.* 17 p. 9 l. de h. sur 12 p. 10 l. de l.

24. Un Concert qui se fait après une collation. Il y a pour titre au-dessus des figures, *Soo D'oude songen soo pepen de jongen.* Il y a quatre vers au bas de l'Estampe: *Quod cantant patulo ore frequenter, Hoc resonare tubis cauta juventa studet.* J. Jordaens, *invent. & pinxit cum Privilegio.* S. A. Bolsvvert, *Sculpsit.* 16 p. 5 l. de l. sur 10 p. 11 l. de h.

25. Un Satyre reçoit un passant dans sa grotte, & l'invite à dîner chez lui; mais parce qu'il soufle le froid & le chaud, il le renvoie. *La Font. Fab.* 7e. *liv.* 5. Il y a six vers: *Iste frigus & ardorem flatu pellit, hinc teporem.* Jac. Jordaens, *pinxit cum Privilegio Reg.* Vostermans, *Sculp.* 14 p. 5 l. de h. sur 14 p. 9 l. de l.

26. Le même sujet que ci-dessus, d'une composition toute différente. Il y a quatre vers: *Quem mirabaris flatu modo pellere frigus, Agricolam, Capripes, nunc quid inepte fugis.* Jac. Jordaens, *invent. cum Privilegio.* Jacobus Neefs, *Sculpsit.* 14 p. 6 l. de l. sur 13 p. de h. Celle sous l'adresse de A. Bloteling est postérieure.

27. Une femme à sa toilette. La Folie lui tient un miroir. Un vieillard lui montre une tête de mort, & lui rapelle ce qu'elle deviendra un jour. Il y a pour titre au-dessus des figures: *Nosce te ipsum.* Au bas de

l'Estampe il y a quatre vers ; *Stulta, quid ad speculum fastus assinnis inanes, Atque tibi formâ, quæ peritura, places?* Jac. Jordaens *pinxit*, sans nom de Graveur. 12 p. 3 l. de l. sur 9 p. 4 l. de h.

28. Un Faune qui tient un pannier plein de fruits & de fleurs; du côté droit est une Cérès couronnée de fleurs & d'épics de bled, à gauche il y a un homme qui sonne de la trompette. Jac. Jordaens, *invent. & pinxit.* S. A. Bolsvvert, *Sculpsit.* Cette Estampe est la plus rare de l'Oeuvre, vû que la planche est en Pologne. 12 p. 10 l. de l. sur 10 p. 2 l. de h.

29. Un Berger qui dit des douceurs à une Bergere, qui les reçoit avec dédain. Il y a quatre vers: *O crudelis amica, nihil mea vulnera curas, Nil nostri miserere, mori me denique cogis.* Jac. Jordaens, *invent. cum Privilegio.* Jacobus Neefs, *Sculpsit.* 10 p. 11 l. de h. sur 10 p. 9 l. de l.

30. Un Paysan arrête un bœuf par la queue, & plusieurs Spectateurs & Spectatrices le regardent faire : gravé à l'eau-forte par Jordaens, sans titre. Jac. Jordaens, *inventor* 1652. 11 p. 4 l. de l. sur 7 p. 8 l. de h.

31. Saturne dévorant un de ses enfants. Il est sur des nuées, la jambe droite plus élevée & pliée; la main avec laquelle il tient l'enfant, est appuiée sur sa cuisse. Il commence à dévorer l'enfant par l'estomac, & tient sa faux de la main gauche. Une draperie voltige derriere lui, l'enfant pleure, & paroit de la main droite repous-

ſer la têre de ſon pere; il a les jambes croiſées l'une derriere l'autre, & un bras pendant, dont la main touche à ſes pieds. Cette Eſtampe eſt fort rare, je ne l'ai vûe que dans l'Oeuvre de M. Mariette; elle eſt ſans titre, & ſans nom de Graveur. Je la crois gravée de Jordaens, elle eſt toute dans ſa maniere de graver. 8 p. 10 l. de h. ſur 5 p. 7 l. de l.

CATALOGUE
DE L'ŒUVRE
DE
CORNEILLE VISSCHER,

Où les différens morceaux qui la composent sont distribués par Sujets, avec un détail des différentes parties de chaque Estampe, & leur hauteur & largeur : on y a joint plusieurs Indices & Remarques, pour en faciliter la connoissance, & les représenter à la mémoire.

AVERT-

AVERTISSEMENT.

SOIT en écrivant, soit même en parlant de ceux dont les talents nous plaisent, il est difficile d'éviter le penchant qui nous porte à les louer, même au-delà des bornes de l'exacte vérité. Ce n'est cependant pas mon intention dans le Catalogue que j'entreprens de publier. Mon unique dessein est de faire connoître la beauté des Estampes de *Corneille Visscher*, d'en indiquer le nombre, & de faire remarquer celles qui sont rares. Le goût que je n'ai jamais cessé d'avoir pour cet habile Graveur, m'a fait faire une étude sérieuse de ses Ouvrages ; & la satisfaction toujours plus grande que je ressens à les revoir, a été pour moi plus que suffisante, pour me faire passer par-dessus la sécheresse qui accompagne ordinairement le travail d'un Catalogue.

CORNEILLE VISSCHER, doué par la nature des plus heureuses dispositions pour la gravûre, a sçû en profiter &

les mettre en uſage. Il a pénétré les ſécrets de l'art qu'il vouloit pratiquer, & ſon application l'a conduit dans ſon genre à un point de perfection, où, ſi j'oſe le dire, il n'a pas encore eu d'égal. Il a poſſédé la couleur & la légereté du burin au plus éminent degré. Ses gravûres à l'eau-forte ne font pas moins l'admiration des Connoiſſeurs, ſurtout lorſqu'on conſidére l'inimitable accord qui ſe trouve dans les planches qu'il a faites, partie au burin & partie à l'eau-forte, ou, loin que ces deux ſortes de gravûre, qui ſont ſi différentes, ſe heurtent, elles s'aident au contraire mutuellement, & n'en rendent l'Eſtampe que plus belle ; ce qui eſt d'autant plus extraordinaire, que le brillant du burin fait toujours paroître l'eau-forte rude, à moins qu'elle ne ſoit retouchée.

Cet habile homme n'étoit pas borné à un ſeul talent. Car en même-tems qu'il a ſçû rendre avec la plus exacte préciſion & la plus grande beauté les productions d'autrui, il a poſſédé éminemment l'art de l'Invention & de la Compoſition ; avantages aussi difficiles que rares à trouver réunis. Nous avons de lui plusieurs sujets en grand, qui font partie du plus beau de son Oeuvre.

Il a dessiné d'après-nature presque tous les portraits qu'il a gravés ; & ce qui est étonnant, c'est que, quoiqu'il ne les ait gravés que d'après ses desseins, on y remarque les couleurs des carnations & des étoffes, comme s'ils avoient été faits d'après des Tableaux.

Ce qui est encore à observer, & qui n'est pas ordinaire même parmi nos plus habiles Graveurs, c'est que dans la plus grande partie de ses portraits, on ne voit point de sens de taille suivis, ayant été si maître de son burin & de sa pointe, qu'il s'en est servi, comme on se sert du crayon pour dessiner. Les Connoisseurs & les Artistes conviendront aisément, que je ne dis rien de trop dans tout ce que j'avance ici. Je ne sçai s'ils approuveront la méthode de ce Catalogue : mais je ne l'ai entrepris que pour ma satisfaction, & pour aider les nouveaux Curieux à faire de bons choix. Tout ce que je désire, c'est que mon travail excite quelqu'un plus habile & plus entendu que moi à perfectionner mon Ouvrage.

Je suivrai dans ce Catalogue le même ordre que j'ai suivi dans celui de Rubens. Quand les titres seront trop longs, je ne mettrai que ce qu'il sera absolument nécessaire d'indiquer, soit les sujets, soit les portraits. Quand il y aura des vers & des dédicaces, je n'annoncerai que les trois premiers & les trois derniers mots de l'un & de l'autre, selon qu'ils se trouveront rangés. Pour les Estampes qui sont belles, ou rares, ou très-rares, je les désignerai par les lettres initiales, B. R. T. R. comme j'ai fait dans l'Oeuvre de Rubens.

Ce qu'on appelle le cabinet de Reynst, est une suite d'Estampes qu'un Curieux d'Hollande a fait graver à ses dépens, pour faire présent à ses amis, & pour illustrer la collection considérable qu'il avoit faite d'après les plus beaux Tableaux qu'il avoit de différens Maîtres, dont *Visscher* a gravé une partie.

SUJETS DE PIETE'.

1. L'Ange qui ordonne à Abraham de quitter ſon pays, & d'aller dans la terre qu'il lui montrera. Baſſan, *pinx.* du Cabinet de Reynſt. 13 pouces 7 lignes de large, ſur 10 pouces 9 lignes de haut. B. R.

2. Abraham étant arrivé à Sichem, Dieu lui apparoît, & lui promet de donner à ſa poſtérité le pays de Chanaan. Baſſan, *pinx.* du Cabinet de Reynſt. 13 p. 7 l. de l. ſur 10 p. 9 l. de h.

3. La Chaſte Suzanne ſurpriſe dans le bain par deux Vieillards, ſans nom de Peintre ni de Graveur; c'eſt d'après le Guide. Ce Tableau eſt dans le Cabinet de Monſeigneur le Duc d'Orleans; du Cabinet de Reynſt. 13 p. 10 l. de l. ſur 10 p. 9. l. de h.

4. Un Chriſt au Tombeau, ſans titre. Tintoret, *pinx.* du Cabinet de Reynſt. 14 p. 5 l. de h. ſur 10 p. 5 l. de l.

5. Réſurrection, ſans nom de Peintre ni de Graveur; mais il eſt ſûr que c'eſt d'après Paul Veroneſe. Au bas de l'Eſtampe il y a une banderole ſur laquelle eſt écrit: *Ego & Pater unus ſumus.* Du Cabinet de Reynſt. 15 p. de h. ſur 11 p. 4 l. de l.

6. L'Enfant-Jeſus ſur les genoux de la Vierge, qui joue avec des fleurs. On voit dans le fond de l'Eſtampe un Ange qui conduit Tobie. Du Cabinet de Reynſt. 14 p. 2 l. de l. ſur 10 p. 5 l. de h.

7. Une Sainte Famille, dans laquelle il y a un S. Jean qui préſente une poire à

l'Enfant-Jesus. *Johannes Vander-Horst Ex.* 10 p. 6 l. de h. sur 8 p. 5 l. de l. R.

8. Une Sainte Famille. L'Enfant-Jesus est sur les genoux de la Vierge : il a un pied appuié sur un oreiller; S. Jean lui présente des fruits; S. Joseph est dans un lointain, sa tête appuiée sur sa main. Cette Estampe est des commencemens de Corneille Visscher, sans nom de Peintre ni de Graveur. Du Cabinet de Reynst. 13 p. 9 l. de l. sur 10 p. 3 l. de h.

9. Une Vierge tenant dans ses bras l'Enfant-Jesus : elle est environnée d'Anges, dont deux la couronnent. *T. Quæ est ista.... Castrorum acies ordinata.* P. P. Rubens, *pinx. Soutmano dirigente.* 22 p. 8 l. de h. sur 16 p. 9 l. de l.

10. Les quatre Evangélistes, demi-Corps inventé & gravé par Corn. Visscher, *& Ex. Harlemi* 1650. 8 p. 3 l. de h. sur 7 p. de l.

11. S. François, T. *Cupio dissolvi & esse cum Christo*, Philip. 5. *P. P. Rubens pinx.* P. Soutman; *Ex. C. P.* Il n'y a que la tête du S. François qui soit gravée par Corn. Visscher. 15 p. 9 l. de h. sur 13 p. de l.

12. Une suite de dix-sept Saints & de deux Saintes, qu'on appelle communément les Saints de Flandres. Voici leurs noms : S. Aloyn, S. Willebrod, S. Suitbert, S. Marcellyn, S. Jeron, S. Egbert Abbé, S. Wlfran, S. Martin, S. Odolf, S. Grégoire, S. Frederik, S. Boniface, S. Lubeyn, Sainte Curena, Sainte Lyduvina, S. Gangulphe, S. Adelbert, S. Engelmond, S. Werenfridus. Il y a un titre.

P. *Soutmant Inveniebat & Ex. Harlemi* 1650. Ils sont tous de même grandeur de 14 p. 8 l. de h. sur 11 p. 1 l. de l.

13. Jugement dernier. *T. Omnes enim nos... Bonum sive malum.* 2. Cor. 5. P. P. *Rubens Pinx*, P. Soutman, *Ex.* 22 p. 9 l. de h. sur 17 p. 5 l. de l.

Sujets Historiques & variés.

14. LA Fricasseuse ou la Faiseuse de gâteaux à la poële, que l'on nomme Kouck ou Baignets. C'est une Estampe des plus estimées de Vischer : pour l'avoir belle, il faut l'avoir avant le nom de Clément de Jonghe. 15. p. 10 l. de h. sur 12 p. 8 l. de l.

15. Le Joueur de Vielle accompagné de cinq enfans, dont un joue du Violon. C'est une des plus belles Estampes & des plus rares à trouver, belle épreuve de Visscher ; vû qu'elle a été gravée à l'eau-forte, & d'une gravûre fine qui dure peu, & est très-difficile à imprimer. A. V. *Ostade pinx.* 13 p. 11 l. de h. sur 11 p. 4 l. de l.

16. Un homme qui vend de la mort aux Rats ; il y a un petit garçon à côté de lui qui tient un pannier au bout d'un bâton, dans lequel on voit des Rats. Pour avoir cette Estampe & la suivante belles, il faut les avoir avant le nom de Clément de Jonghe & sans titre. Dans celle-ci le nom de Visscher est au haut de la planche. Elles sont toutes deux inventées par Corn. Visscher. 13 p. 4 l. de h. sur 11 p. 4 l. de l.

17. La Bohémienne, ou la Nourrice qui donne à têter à un petit enfant; elle en a deux autres, dont un à côté d'elle qui mange de la bouillie, & l'autre attaché sur son dos qui pleure. Le nom de Visscher doit être dans la marge de la planche; on l'a ôté pour y mettre le titre. 13 p. 4 l. de h. sur 11 p. 4 l. de l.

18. Une suite de trois Estampes très belles & bien difficiles à trouver, parfaites épreuves, d'après Van-Laer, dit *Bamboche*. On les appelle communément:

La premiere, le Coche volé. 17 p. 10 l. de l. sur 13 p. 6 l. de h.

La seconde, le coup de pistolet. 14 p. 1 l. de l. sur 11 p. 4 l. de h.

Nota. Je ne sçai pourquoi on nomme ainsi ces deux Estampes. La premiere paroît être un Convoi de guerre, qu'un parti ennemi, sortant d'un embuscade, attaque & combat; la seconde, est plûtôt le Coche volé.

La troisiéme, se nomme le Four. 14 p. de l. sur 11 p. 5 l. de h. Ces trois Estampes sont du Cabinet de Reynst.

19. Un homme assis au bord de l'eau, dans laquelle il a le talon; il tient l'autre pied dans ses deux mains; à côté de lui est une Blanchisseuse, qui rit en le montrant du bout du doigt, & une femme courbée vûe par derriere. On voit un chien qui boit dans l'eau. Il y a deux vaches, deux moutons & un bouc.

20. Le pendant de cette Estampe est un Chasseur à cheval qui tient un chien en lesse; un Valet sort d'une écurie avec un

un cheval, & un homme assis habillé d'une veste de peau, qui lui parle, en caressant des chiens. *P. D. Van-Laer pinx. Edouvaert de Booys Ex.* 15 p. 8 l. de l. sur 11 p. 8 l. de h.

21. Un Clair de Lune qui fait appercevoir un Voleur qui a un fusil, & une épée à son côté, & qui conduit par le licol deux chevaux, dont un est attaché à la queue de l'autre. Il y a un homme mort à côté des jambes du premier cheval ; derriere est une Paysanne qui se désole, & à côté d'elle un Voleur qui la menace. On voit le feu dans une maison.

22. Le Pendant de cette Estampe est un un Paysan & une Paysanne qui gardent des vaches & des chévres. Elles sont toutes deux peintes par P. D. Van-Laer. 13 p. 3 l. de h. sur 10 p. 8 l. de l.

23. Une Tabagie de six hommes, dont un tourne le dos au feu. Il y a une femme & deux enfans. Pour avoir cette Estampe belle, il faut l'avoir avant les noms de A. V. Ostade & de Visscher. 15. p. 9 l. de h. sur 12 p. 8 l. de l.

24. Une Tabagie de deux hommes & d'une femme qui tient un gobelet à la main. *T. Vivitur parvo bene.* Il y a huit vers Hollandois : *Men Seyt tis... biertien en toeback. A. V. Ostade pinx. Clement de Jonghe Ex.* 8 p. 5 l. de h. sur 7 p. 6 l. de l.

25. Un homme & une femme dans une Tabagie. L'yvrognerie & la lubricité sont peintes dans leur physionomie. *A. V. Ostade pinx. Ex.* 9 pouc. 3 lig. de h. sur 7 p. de l.

26. Une Tabagie où il y a un homme qui joue du Violon, trois qui chantent, & un autre qui va boire. *T. Trahit sua quemque voluptas. A. Brouwer, pinx.* 9 p. 3 l. de h. sur 7 p. de l.

27. Une Tabagie de cinq hommes, dont un fume dans une attitude renversée; un autre boit; un troisiéme tient du Tabac sur du papier, qu'il remue de l'autre main. On attribue cette Estampe à Visscher, quoique sans nom de Peintre & de Graveur. 6 p. 6 l. de h. sur 8 p. 4 l. de l. B. R.

28. Une Tête plus grosse que demi-Nature, gravée sur un dessein fait d'après la Bosse, & qui a une main appuyée sur la poitrine. C'est une des plus belles Estampes qu'il y ait dans la gravûre, tant pour la beauté du burin, que pour le moëleux qui y domine. Du Cabinet de Reynst. 13 p. 7 l. de h. sur 9 p. 6 l. de l.

29. Un Chirurgien qui panse un homme au pied, & une femme dans le fond appuyée sur une table; elle tient un emplâtre, & on voit la douleur peinte sur les trois Physionomies. *Brouwer, pinx.* 13 p. 2 l. de l. sur 10 p. 1. l. de h.

30. L'Antiquaire. C'est un Curieux dans son Cabinet orné de plusieurs Bosses, qui tient dans sa main une Pagode. Elle est du Cabinet de Reynst. 14 p. de l. sur 11 p. 4 l. de h.

31. Une Assemblée de six Gueux, dont deux sur la droite jouent aux Cartes, & les quatre autres forment un Groupe : de ce Groupe deux jouent au jeu de la Mourre, & les deux autres paroissent Spectateurs;

un des deux est couché sur le ventre, & occupe le devant de l'Estampe.

32. Une Femme montée sur un âne, & qui conduit deux bœufs. Il y a à côté d'elle un homme qui boit dans son chapeau, à gauche un cheval avec des panniers, & un peu plus loin un homme à cheval qui conduit trois bœufs, & suivi d'un chien: au milieu des deux groupes est une chévre.

33. Une Hôtellerie, où on voit deux chevaux dans une écurie, dont un mange du foin, & un valet qui en selle un autre à la porte de l'Hôtellerie.

34. Un Maréchal qui ferre un cheval, un garçon qui tient le pied du cheval, & un Cavalier à cheval qui cause avec le Cavalier dont on ferre le cheval. Ces quatre Estampes ci-dessus font une suite, & sont peintes par P. de Van-Laer à Rome. 14 p. 1 l. de l. sur 10 p. 6 l. de h. Quoiqu'on attribue ces quatre Estampes, comme les six dernieres de mon Catalogue, à Corn. Visscher, je n'y vois point sa maniere de graver: je les crois toutes de J. Visscher, & les quatre premieres, aussi-bien que les deux numérotées 96 & 97, de ses premiers commencemens. Cependant, ne voulant point m'en rapporter à mes propres lumieres, j'ai consulté Messieurs Surugue, Dupuis, & Aliamet, qui sont trois des plus habiles Graveurs que nous ayons: ils ont tous jugé comme moi, qu'elles étoient de J. Visscher.

35. Quatre Paysages d'après Berghem. Le premier est un homme sur un cheval, habillé d'une veste de peau, & qui tient un

bâton dans ses mains, avec une femme qui tient un pacquet sous son bras, & un bâton dans sa main : il y a un petit chien, une vache & une chévre.

36. Le second, est une femme assise sur un âne, & qui parle à un homme. Il y a un chien, des vaches & des moutons

37. Le troisiéme, est une femme qui trait une vache, & une autre femme qui lui parle : celle-ci a un panier sur sa tête, & un autre à son bras. Il y a encore une autre vache, & une chévre qui broute.

38. Le quatriéme, est une femme sur un âne, avec un enfant qui tette ; un homme est appuyé sur l'âne, & un petit chien les caresse. Il y a un Berger, un cheval, une vache & des moutons. 9 p. 9 l. de l. sur 7 p. 7 l. de h.

39. Quatre Paysages d'après Berghem. Le premier représente une fontaine, où il y a deux femmes avec du linge, deux hommes à cheval, & une femme sur un mulet ; un des deux chevaux boit dans l'auge de la fontaine. On voit deux chiens, & une femme à cheval dans le lointain.

40. Le second, est une femme assise qui donne à tetter à un enfant ; un homme lui parle, & est appuyé sur une vache. Il y a un ânon, une chévre, des moutons, & un petit enfant dans le fond, qui joue : à côté de cet enfant est un chien, & une espéce de porte d'où sort un autre chien & un âne.

41. Le troisiéme, est une femme qui a un pacquet sous son bras, & qui passe une

riviere, où un homme fait boire son cheval. Dans le lointain de l'Estampe est un autre homme à cheval qui tient un bâton dans ses deux mains. Il y a des vaches, des moutons, une chévre & un chien répandus dans l'Estampe.

42. Le quatriéme, est un homme assis, qui a sa main sur sa poitrine, & qui garde des bœufs, des moutons & un âne. 9 p. 9 l. de l sur 7 p. de h.

43. Achille à la Cour de Lycoméde, y est reconnu par Ulysse, qui présente des bijoux aux filles du Roi. Il y a six vers : *Ecce puellares oculos....... ad arma manu. P. P. Rubens pinx. Petr. Soutmans, Ex.* C. P. 20. p. 1 l. de h. sur 16 p. 7 l. de l.

44. Le Roi de Suéde conduit la Reine au lit nuptial. Il y a deux Dédicaces ; la premiere, à Charles Gustave Roi de Suéde ; & la seconde, à Hedwige Eleonor Reine de Suéde. Cette Estampe est très-rare. 15 p. 7 l. de l. sur 11 p. 4 l. de h.

45. Le couronnement d'une Reine de Suéde. Il y a deux Dédicaces ; la premiere, *Serenissimus ac Potentissimus P. Dominus Carolus Gustavus* ; & la seconde, *Serenissima ac Potentissima Princeps ac Domina Dom. Hedwig Eleonora*. 23 p. 3 l. de l. sur 15 p. 11 l. de h.

46. Un Titre qui paroît avoir été fait pour un Recueil de Géographie. Il y a deux hommes, dont un se repose sur un bâton, & un autre à côté de lui qui tire une fléche ; de l'autre côté est une femme qui représente la misère, & qui ronge un os. Il y a

au haut de l'Estampe un homme assis sur une boule, d'où il sort des vents; il tient un arc d'une main, & une fléche de l'autre. Au bas de l'Estampe il y a de l'eau dans laquelle on voit un Veau Marin & un Ours. T. R.

Nota. Cette Estampe n'est point de *VVischer*, mais de *Corn. van Dalen* Junior: c'est par erreur qu'on l'attribue au premier.

47. Un petit garçon qui tient une chandelle allumée, & une petite fille qui tient une ratiere, dans laquelle il y a un Rat. 7 p. 1 l. de l. sur 5 p de h.

48. Une femme qui tient une chandelle allumée dans sa main, & un jeune garçon qui vient y allumer la sienne. *T. Quis vetet apposito... deperit inde nihil. P. P. Rubens pinx. & Ex.* C. P. R. Ç. S. J. & O. C. sans nom de Graveur; mais il est sûr que c'est de Corn. Visscher. 8. p. de h. sur 7 p. de l.

49. Marius couché sur son tombeau. Il y a un Christ au-dessus du tombeau, & beaucoup de têtes de Cherubins autour du Christ; au bas du tombeau il y a un bas relief dans lequel sont plusieurs Génies, dont deux tiennent un serpent qu'ils posent sur une tête de mort couronnée de laurier, & au-dessous est écrit: *Fortiter, sed suaviter.* Il y a de plus huit vers: *Hier Fluimert Marius... Godts Kercke Waeckte.* 16 p. 10 l. de h. sur 12 p. de l.

50. Une suite de dix Estampes, sans comprendre quatre pages d'écriture, que l'on appelle communément *les Gots & les Vi-*

sigots. La Dédicace est, *Gustavus Adolphus Magnus Suedorum*, &... *Rex*, & *Christina Gustavi Magni Filia Suedorum*, &... *Regina*. En voici la description : 1°. Le titre où est le Roi & la Reine de Suéde. 2°. Le Roi de Suéde. 3°. La Reine de Suéde 4°. Gothus. 5°. Wandalus. 6°. Suevus. 7°. Herulus. 8°. Gepida. 9°. Marcomanus. 10°. Quadus.

51. Un Chat accroupi, derriere lequel est un rat. Corn. Visscher, *Ex*. 6. p. 9 l. de l. sur 5 p. de h.

52. Un autre chat accroupi sur une serviette. Ce second chat est très-rare. 4 p. 5 l. de l. sur 3 p. 6 l. de h.

PORTRAITS.

1. UN Portrait que l'on dit être le Portrait de Corn. Visscher, sans autre écriture que, *Corn. Visscher fecit anno* 1649. Il a un chapeau en pain de sucre, & une main appuyée sur sa poitrine. 4 p. 11 l. de h. sur 3 p. 5 l. de l.

2. Autre Portrait de Corn. Visscher, sans autre écriture que, *Corn. Visscher fecit anno* 1651. Il a encore un chapeau en pain de sucre. Il s'est gravé avec un air riant, enveloppé dans son manteau. 5. p. 11 l. de h. sur 3 p. 5 l. de l.

3. D. H. *Andreas Deonyszoon VVinius Zyne Zaerse Majesteits van Ruslants Commissarius en Molk Olderman*. Il y a dix vers : *De Kroon van... hem Weder begenadight*. On appelle ce Portrait communément, *l'Homme au pistolet* : c'est un des Portraits des plus rares, & le plus cher des Portraits de Visscher. 11 p. 8 l. de h. sur 9 p. 4 l. de l.

4. *Gellius de Bouma Ecclesiastes Zutphaniensis, out int 77 jaer en int 55. jaer zin bedienninghe.* Il y a quatre vers Latins, & quatre Hollandois : *Ora viri vultumque.... van godes Kerck.* On l'appelle communément & le suivant, *les grandes Barbes*; ils sont des plus beaux que Visscher ait gravés. 12 p. 9 l. de h. sur 10 p. 6 l. de l.

5. *Den Wel Eeruaren Guilliam de Ryck ooge Meester tot Amsterdam.* Il y a douze vers : *So ymant Wiens.... isser geen gesicht.* Ce Portrait a souffert beaucoup de changemens, depuis les premieres épreuves. La lévre supérieure ne paroissoit point, la barbe la couvroit, & passoit par-dessus la bouche; du côté droit la tête & la barbe étoient plus coloriées, & la main plus articulée. Dans les secondes épreuves, il n'y a qu'une taille légère sur le haut de l'oreille. 11 p. 8 l. de h. sur 10 p. de l.

6. *Illustrissimus ac Reverendissimus Dominus D. Rovenius Archiepiscopus Philippensis Vicar. Apost.* &c. Il y a douze vers : *Belga Philippensis quid....evit ille viros.* 15 p. de h. sur 12 p. 1. l. de l.

7. *R. D. Mr. Joannes Merius Pastor in Spanbroeck*, &c. *Obiit anno 1662. Feb. 19. æt. 63* Il y a six vers Latins, & six Hollandois : *Dum dolet ereptum.... evit en hart.* 14 p. 11 l. de h. sur 10 p. 7 l. de l.

8. *R. D. M. Cornelius Vosbergius Pastor in Spaerwouw*, &c. *Anno 1653.* Il y a six vers Latins, & six Hollandois : *Hæc tibi, Corneli.... Een Harder doet.* Ce Portrait a deux mains, dans l'une desquelles il tient un livre. 10 p. 2 l. de h. sur 8 p. de l. B. R.

9. *Admodùm Reverendus & Amplissimus Dominus D. Joannes Wachtelaer Ultraject. S. Theol. Lic.* &c. A la suite du nom & qualités, il y a huit lignes d'écriture... *Reddidit ars fato... cura fidesque dabunt.* Ce Portrait a deux mains : il en a une appuyée sur une livre, & l'autre sur le bras de son fauteuil. 14. p. 9 l. de h. sur 11 p. 1 l. de l. R.

10. Un Portrait dans une bordure ovale, autour de laquelle est écrit : *Reverendus admodùm Dominus Guillelmus Vandenzande S. Th. Lic. natus.* Il y a des armes au haut de la bordure, & au bas un cartouche, dans lequel il y a quatre lignes d'écriture : *Wie Sande Zinen godturuchtigh en geleert. P. Soutman pinx.* 9 p. 7 l. de h. sur 6 p. 9 l. de l. B. T. R.

11. Un Portrait dans une bordure ovale, où est écrit autour : *R. P. F. Adrianus Motmans Ord. FF. Minorum Provinc.* Aux quatre coins de la bordure il y a en haut des têtes de Cherubins, & au bas une tête de mort & un encensoir. Il y a huit vers : *Wie Motman Zoeckt.... Van-Smans Geweten.* 7 p. 6 l. de h. sur 6 p. 6 l. de l.

12. Un Portrait dans une bordure ovale, qui pose sa main sur sa poitrine. Il est écrit dans la bordure : *R. P. Joannes Boclensz Ord. Minor. Reg. Obs.* Il y a des armes, avec ces mots sur une banderole : *Sanctitate & doctrinâ*, & dans un cartouche il y a six vers: *Gelych de Wapenring... Stercktze met hebede.* Jacob Jansen Straetman *Ex.* 10 p. 9 l. de h. sur 7 p. 1 l. de l.

13. *Hadrianus Pauw Eques Ordinis S. Mi-*

chaelis Dominus de Heemste de Hogersmilde Rietwieck Nievevk, &c. Il y a neuf lignes d'écriture, & au-dessous des neuf lignes est écrit : *Pietate, patientiâ, & pace. Ger-van-Honthorst pinx. Direct. P Soutmant. Corn. Visscher æri incidit.* C. P. 9 p. 3 l. de h. sur 8 p. 9 l. de l.

14. Un Portrait dans une bordure ovale, dans laquelle est écrit : *David Pieterz des Uries Artellery Meester van de Staten.* Il est en cuirasse avec une main, dans laquelle il tient un bâton de Commandement Il y a au haut dans les coins de la bordure des attributs de guerre, & au bas un cartouche dans lequel il y a huit lignes d'écriture : *Dus Maulde een.... Wapen zorg bekomen.* 7 p. 5 l. de h. sur 5 p. 5 l. de l. T. R.

15. Vondelius, tenant un papier à la main ; il y a plusieurs livres sur deux tablettes. Ce Portrait a souffert beaucoup de changement. Au-dessus de la seconde tablette, il y avoit un Faune & un petit enfant à ses pieds ; on a remis à la place du Faune, une figure qui représente la Foi : dans un papier à la premiere tablette, où est le nom de Visscher, on a remis dans les troisiéme épreuves une tête de Satyre, & dans le papier qu'il tient à la main : *Hos beabit divite linguâ.* Il y a eu encore des changemens dans le fond : on a mis trois figures dans les épreuves postérieures, pour représenter un embrasement de Troye. Il y a au bas du Portrait quatre lignes d'écriture : *Quod tuba Virgilii.... Omnibus arte prior.* 9 p. 5 l. de h. sur 7 p. 9 l. de l.

16. Un Portrait dans une ovale sans bordure ; il est écrit au bas : *Jacob Westerbaen Heer van Brandwick en Gybland Ridder*, &c. 3 p. 9 l. de h. sur 3 p. 1 l. de l. T. R.

17. & 18. Les Portraits de *Henderukus du Booys*, & de *Helena Leonora de Sieveri* son épouse. Ils sont tous deux gravés de même grandeur. Pour les avoir des premieres épreuves, il faut qu'il n'y ait point écrit à la suite des noms : *E Collectione Nobilissimi Joannis Domini Somers.* Ils sont tous deux gravés d'après Ant. Van-Dyck. *Eduwaert du Booys Ex.* 7 p. 8 l. de h. sur 6 p. 9 l. de

19. Un Portrait dans une bordure ovale. Il est écrit dans la bordure : *Alexander VII. Pont. Opt. Max. Justitiâ & veritate.* Il y a au-bas du Portrait un cartouche, dans lequel il y a un titre & six vers, & deux enfans à côté du cartouche qui soutiennent des guirlandes de fruits, accrochées à un autre cartouche où il y a des armes. 11 p. de h. sur 8 p. 9 l. de l.

20. & 21. Les Portraits de *Meester Michiel Sparenbeeck van Kranenburgh*, & de *Engeltie Pieters Kortleue.* Ils sont gravés à l'eau-forte, dans des bordures qui représentent la pierre. Ils sont très-rares. Le mari est coëffé avec un bonnet de poil ; il a les cheveux crêpus & une barbe blanche : la femme est coëffée avec une toque, & elle a une fraise autour du col. 6. p. 7 l. de h. sur 5 p. 6 l. de l.

22. *Coppenol*, appellé communément *l'Ecrivain.* Il y a huit vers : *Op. de print. Vliegens altoos t'Samen. C. de Visscher ad*

vivum delineavit, tribus diebus ante mortem, ultimam manum imposuit anno 1658. 9 p. 7 l. de h. sur 8 p. 3 l. de l.

23. *Petrus Scriverius Harlemensis.* Pour avoir ce Portrait des premieres épreuves, il faut que le front au-dessus du coin de l'œil droit, les cheveux qui cachent l'oreille & le bas de la barbe, soient couverts de tailles. Il a été retouché plus noir dans son tour, & on a omis de couvrir en entier les endroits ci-dessus. Il y a vingt-un vers : *Vitam quæ faciant... quæ faciunt beatiorem. P. Soutman ping. & Ex. Harlemi 1649. C. P. P. Soutman dirigente.* 14 p. 6 l. de h. sur 10 p. 7 l. de l.

24. Jean Paep. Ce Portrait a deux mains; de l'une, il montre la bourse d'Amsterdam; de l'autre, il tient un cartouche, dans lequel est écrit le métier qu'il faisoit, & qui étoit de fournir des Commis ou Garçons de boutique aux Marchands. 10 p. 3 l. de h. sur 7 p. 3 l. de l.

25. Visscher a encore gravé ce même Portrait demi-corps & sans mains, avec les mêmes indications au bas du Portrait. Ils ont été gravés pour être distribués dans la ville, comme les Marchands font ici leurs adresses. 5 p. 8 l. de h. sur 5 p. 3 l. de l.

26. Un Portrait de Vieille coëffée singuliérement, & que l'on dit être la mere de Visscher, sans autre écriture que, *Cornelius de Visscher ad vivum delineavit & fecit aquâ forte. Nicolaus Visscher Ex.* 4 p. 9 l. de h. sur 3 p. 3 l. de l.

27. Autre Portrait de Vieille coëffée avec

un bonnet; gravé à l'eau-forte ſans nom de Graveur. Il eſt sûr qu'il eſt gravé par Corn. Viſſcher. On dit que c'eſt encore la mere de Viſſcher. 4 p. 7 l. de h. ſur 4 p. 6 l. de l.

28. Gaſſendi. Il y a huit vers Latins: *Talis erat veterem... Pagina docta ſenis.* Ce Portrait eſt des commencemens de Viſſcher. T. R. 5 p. 4 l. de h. ſur 4 p. 6 l. de l.

29. Conſtanter. C'eſt un Portrait dans une ovale ſans bordure. Il y a au-bas en chiffre 1657. Il a été gravé par Viſſcher d'après le deſſein de *Chriſtianus C. F. Hugenius*, qui étoit ſon fils. 6 p. 7 l. de h. ſur 5 p. 4 l. de l. B. T. R.

30. Un Portrait dans une ovale en cuiraſſe, avec une main qui tient un bâton de Commandement. Il eſt écrit dans la bordure: *David Pieterz de Uries Artellery Meeſter van de Staten.* Il y a au haut de la bordure des attributs de guerre, & au-bas un cartouche orné de deux dauphins. Il y a dans le cartouche huit lignes d'écriture: *Dus mauldz een... Wapen zoor bekomen.* 7 p. 5 l. de h. ſur 5 p. 5 l. de l. T. R.

31. Un Portrait dans une ovale, qui tient un livre dans la main. Il eſt écrit dans la la bordure: *Reverendiſſimus admodum Dominus ac Magiſter Petrus Isbrandi vyt Geeſtanus Hebraica.* Il y a au-bas de la planche ſix vers: *VVaerom lachie Meeſter.... Uſchooven in v'hand.* Il y a un cartouche au haut de la bordure, dans lequel eſt écrit: *Dient got in blydſcap.* 8 p. 11 l. de h. ſur 7 p. 8 l. de l.

32. *Robertus Junius Roterod. Bat. vocatus in Indiam an. 28. Pastor.* Il a un bras appuyé sur un livre qui est posé sur une table. Il y a quatre vers Latins & quatre Hollandois : *Hæc forma formosa. . . . Kroon van Zilverhaar* ; & au-dessous des vers une Dédicace. 10 p. 9 l. de h. sur 8 p. 7 l. de l.

33. Ce même Portrait a été copié un peu plus petit, & du même côté.

34. Corneille Visscher a encore gravé le même Portrait dans une bordure ovale, autour de laquelle est écrit : *Robertus Junius Rott. Beroepen na Indien in t. Jaar.* 1628. Au-bas du Portrait, il y a huit vers Latins & huit Hollandois : *Arctatur spatio magnus. . . . Verlichter Veeler oogen.* Ce dernier portrait est peint par Palmidas, & mieux gravé que celui ci-dessus. 9 p. 4 l. de h. sur 7 p. 7 l. de l.

35. *Fredericus Henricus à Nassau Princeps Arausionum, &c. Ger. van Hondt-Horst pinx. P. Soutman dirigente C. P. anno* 1649. 13 p. 1 l. de h. sur 10 p. 9 l. de l.

36. *Wilhelmus à Nassau Fr. Henr. Filius Princeps Arausionum, &c. Ger. van Hondt-Horst pinx. P. Soutman dirigente C. P. anno* 1649. 13 p. 1 l. de h. sur 10 p. 9 l. de l.

37. *Henrietta Catharina à Nassau Fr. Henr. Principis Arausionum filia, Desponsa Ennoni Ludovico Orientalis Frisiæ Comiti, &c. Ger. van Hondt-Horst pinx. P. Soutman dirigente C. P. anno* 1649. 13 p. 9 l. de h. sur 10 p. 9 l. de l.

38. *Loisa à Nassau Fred. Henr. Principis Arausionum filia Primogenita, Uxor Marchio-*

nis Brandenburgici Elect. S.R.Imp. Ger. van Hondt-Horst pinx. P. Soutman dirigente C. P. anno 1649. 13 p. 3 l. de h. sur 10 p. 8 l. de l.

39. *Maria Caroli Imi. Magnæ Britanniæ Regis filia Primogenita, Wilhelmi Arausionum Principis Uxor. Ger. van Hondt-Horst pinx. P. Soutman dirigente C. P. anno* 1649. 13 p. 3 l. de h. sur 10 p. 10 l. de l.

40. *Albertina Agnes à Nassau Fred. Henr. Principis Arausionum filia secundò Genita. Ger. van Hondt-Horst pinx. P. Soutman dirigente C. P. anno* 1649. 13 p. 2 l. de h. sur 10 p. 9 l. de l.

41. *Maria à Nassau Fred. Henr. Principis Arausionum filia quarto Genita. Ger. van Hondt-Horst pinx. P. Soutman dirigente. C. P. anno* 1649. 13 p. 2 l. de h. sur 10 p. 9 l. de l.

42. *Christina Gustavi Magni filia Suedorum, &c. Regina. Ex. P. Soutman Harlemi,* 1650. *C. P.* 12 p. 11 l. de h. sur 10 p. 8 l. de l.

43. *Fredericus VVilhelmus Marchio Brandenburgicus S. Rom. Imp. Elector. Ger. van Hondt-Horst pinx. P. Soutman dirigente C. P. anno* 1649. 13 p. 3 l. de h. sur 10 p. 10 l. de l.

44. *Carolus Lodevicus Palatinus Rheni, Dux Bavariæ S. R. Imp. Elector. Ger. van Hondt-Horst pinx. P. Soutman dirigente C. P. anno* 1650. 13 p. de h. sur 10 p. 8 l. de l.

45. *Amalia de Solms Fr. Henrici Principis Arausionum Uxor. Ger. van Hondt-Horst pinx. P. Soutman dirigente C. P. anno* 1649. 13 p. 1 l. de h. sur 10 p. 9 l. de l.

46. *Carolus II. Mag. Brit. Fr. & Hiberniæ Rex. Ger. van Hondt-Horst pinx. P. Soutman dirigente C. P. anno 1650.*

47. *Franciscus Valdesius Hispani Dux Exercitûs.* Il y a huit vers : *Flectit in illustrem... Sit amica Venus. Pictura ad vivum expressa extat apud Jo. Moons Advocatum. P. Soutmano dirigente, & ex. Harlemi,* 1649. 12 p. 11 l. de h. sur 10 p. 9. l. de l.

48. *Janus Dousa Noortwici Toparcha V. G.* Il y a huit vers : *Non solum dulces. . . . . Dousa conciliante, locus. Ex Imagine V. N. Jani Dousæ ad vivum picta, P. Soutmano dirigente, & Ex. Harlemi,* 1649. 13 p. de h. sur 10 p. 10 l. de l.

49. *Ludovicus Poisotus Præfectus maris.* Il y a huit vers : *Peste laborantes & anhelo. . . . . Plus nocuistis aquæ. Pictura ad vivum expressa extat apud Petrum Scriverium Lugduni Batavorum. P. Soutmano dirigente, & Ex. Harlemi* , 1649. 12 p. 11 l. de h. sur 10 p. 9 l. de l.

50. *Domicella Magdalena Moonsia.* Il y a huit vers : *Urbs obsessa semel. . . tua Chloris amet. Extat Pictura ad vivum apud eundem Dominum Advocatum fisci Hagæ-Comitis. P. Soutmano dirigente, & Ex. Harlemi,* 1649. 13 p. de h. sur 10 p. 10 l. de l.

51.-88. Une suite de trente-huit Portraits qu'on appelle communément *les Comtes de Flandres.* Il y a un titre à chaque Portrait : je n'en fais point ici une description, vû qu'on ne peut s'y tromper. Il y a des chiffres à tous au haut de la planche, à la réserve des deux derniers Portraits. On trouve cette suite quelquefois

avec

avec une explication qui forme un volume de 124 pages, en y comprenant la généalogie des derniers Comtes de Hollande, quoiqu'on les appelle les Comtes de Flandres. Il y a cinq femmes dans cette suite. Il y a deux Frontispices historiés, dont le premier marque le titre du livre.

89. Le Portrait d'un Négre qui tient un arc d'une main & une fléche de l'autre. Il a un carquois à son côté. *T. Dus heeft den.... VVilt in 't oogh. Corn. Visscher ad vivum delineavit. J. Visscher sculp. Justus Danckerts Ex.* 10 p. 7 l. de h. sur 10 p. 1 l. de l.

90. Un Portrait d'homme coëffé en cheveux. *Corn. Visscher ad vivum delineavit. Johannes de Visscher sculp. aquâ forte; Jan Kraalinge Ex.* B. T. R. 4 p. 9 l. de h. sur 4 p. 4 l. de l.

91. *M. Jacob Cornelisz Dienaer der Gemeinte en Chirurgyn.* Il y a six vers : *Siet hier het. ... Lichaem te genesen.* Ce Portrait est jusques aux genoux avec deux mains. *C. de Visscher ad vivum delineavit. F. H. Vanden-hoouec sculp.* 11 p. 7 l. de h. sur 10 p. 10 l. de l.

92. Un Portrait *de VVilhelmus*, dans une bordure dans laquelle est écrit : *Stuymige Baren Geruft Inde on.* Au-bas du Portrait il y a cinq lignes d'écriture remplies de ses qualités. *Cornel. Visscher pinx. C. V. Queboren sculp. Abr. VVaesbergen Ex.* Amsterdam. 7 p. 2 l. de h. sur 6 p. 8 l. de l. D.

93. La Folie. Il y a deux vers : *Combien de Curieux..... passer de miroir. C. de Viss-*

cher delineavit. P. Aveline sculp. A Paris, chez Huquier, vis-à-vis le grand Châtelet, avec Privilége du Roi. 12. p. de l. sur 6 p. 5 l. de h.

94. Une femme debout filant au fuseau : à côté d'elle est assis un homme qui a la jambe droite passée sur l'autre. Il est coëffé d'un bonnet garni de peau ; derriére eux une vache debout, & une chévre couchée au pied de la femme : à droite de l'Estampe on voit une autre femme qui trait une vache. Il y a neuf chévres ou boucs & moutons répandus dans l'Estampe, & plusieurs troncs d'arbres coupés sur le devant. Cette Estampe numérottée *deux*, est de la composition de *Berghem*, & sans adresse ni nom de Peintre, & de Graveur. Quoiqu'on l'attribue à Corn. Visscher, je n'y vois point sa maniere de graver. Je la crois plûtôt de J. Visscher. 14 p. 9 l. de l. sur 10 p. 8 l. de h.

Je ne sçais pourquoi on a coupé la planche par trois côtés, sans rien couper des animaux : on en voit des épreuves dans la grandeur de 10 p. 7 l. de l. sur 7 p. 7 l. de h.

Je porte le même jugement pour les Sujets dont je vais faire la description, & dont les quatre derniers sont une suite.

95. Un Maréchal qui ferre un cheval. Un garçon lui tient la jambe ; un autre Cavalier est appuié sur le col de son cheval, & cause avec le Cavalier dont on ferre la monture, & qui tient un fouet à la main. On voit un chien qui joue avec un

enfant qui a une corde passée entre ses jambes, & tient un bâton à la main. Il y a un autre chien à côté du Maréchal, & un garçon auprès de la forge. Au haut de l'Estampe à droite, est écrit sur la muraille de la maison : *P. D. Laer F. Romæ*. Sans titre & sans nom de Graveur, ni de Marchand. 10 p. 3 l. de l. sur 7 p. 3 l. de h.

Voici encore une suite de quatre Estampes. Je ne comprends point pourquoi on les attribue à Corn. Visscher, contre toute apparence. La premiere feuille porte le nom de J. Visscher ; & toutes sont gravées à peu-près dans le même goût. Il est naturel de croire que Corn. Visscher y auroit mis son nom, comme il a fait dans celles qu'il a gravées d'après Berghem. Je doute que les deux dernieres feuilles numérotées *trois* & *quatre*, ayent été gravées par J. Visscher : si elles en sont, ce n'est que de ses premiers commencemens; elles sont beaucoup inférieures aux deux premieres.

96. La premiere feuille est composée d'un homme vû de profil, & coëffé d'un bonnet qui lui couvre l'œil. Il est assis sur le bord d'une riviere; derriere lui on voit trois chévres, un bœuf debout occupe le milieu de l'Estampe, & il y en a un autre à côté accroupi. De l'autre côté de la riviere qui traverse toute l'Estampe, on voit une montagne sur le sommet de laquelle est une maison. Dans le ciel à droite est écrit : *VV. Romeyn inventor*. De l'autre côté : *J. Visscher fecit*. Au-bas de l'Estampe est cette adresse : *Gedruck t'Amsterdam*

by Frederick de VVidt, voor a en inde calverſtaat by den Dam, inde VVitte pas-caart.

97. Dans la ſeconde, un bœuf debout occupe le milieu de l'Eſtampe, & derriere lui eſt un autre bœuf accroupi, à côté duquel il y a cinq chévres : à gauche dans le lointain, on voit une femme à cheval qui conduit un bœuf, & ſuivie d'un chien.

98. Dans la troiſiéme, on voit à gauche une femme qui coud : à côté d'elle ſont deux bœufs, & derriere un homme appuyé ſur un d'eux : il y a ſix moutons, un troiſiéme bœuf, & un chien qui boit.

99. La quatriéme Eſtampe, eſt une femme aſſiſe qui dort la tête appuyée contre un tronc d'arbre, ayant les mains entre ſes genoux; ſur le devant de l'Eſtampe il y a trois cochons & deux chévres : derriere la figure ſont ſix corps d'arbres où deux planches ſont attachées. Ces trois dernieres planches ſont ſans noms de Peintre ni de Graveur & de Marchand, & ſont à peu-près de la même grandeur de 11 pouces 1 ligne de large, ſur 8 pouces 3 lignes de haut.

FIN.

Secret pour blanchir les Estampes.

QUELQUE beau que soit un ouvrage en lui-même, il n'est pas douteux qu'il ne perde beaucoup de son prix, si les Spectateurs n'en peuvent découvrir toutes les beautés. Souvent les meilleures Estampes seroient au rebut ou dans l'oubli, si quelque Connoisseur ne les faisoit revivre, en leur rendant leur premier éclat. Or voici le véritable moyen de le rétablir, & de redonner aux Estampes ce beau net, qui contribue tant à les faire valoir.

Je distingue dans les Estampes deux sortes de mal-propretés; les unes sont rousses, & les autres jaunes. La rousseur des Estampes provient d'avoir été trop exposées aux impressions de l'air. Les jaunes sont celles qui ont été imprimées avec de l'huile qui n'étoit pas assez brûlée; car quand les Imprimeurs n'ont pas l'attention de faire suffisamment brûler leur huile, les Estampes deviennent jaunes dès les premiers jours, ce qui provient de ce que l'huile n'ayant point assez de corps, elle coule à côté de la taille & jaunit le papier.

L'opération que je propose ne se fait qu'à la chaleur du Soleil : plus il est chaud, plus elle est promte. Ainsi les mois de Juin, de Juillet & d'Août sont les plus favorables. En voici tout le procédé.

On prend une table ou des planches, on attache de petits cloux des deux côtés; on y passe des fils en travers, afin d'empêcher que le vent n'enléve les Estampes ; on étend ensuite du papier, de crainte que les pores du bois venant à s'ouvrir, ne communiquent à l'Estampe la rousseur de l'eau qui s'y attacheroit, & qui seroit plus difficile à ôter que les taches d'huile. Il n'est pas nécessaire qu'il y ait plusieurs feuilles de papier les unes sur les autres ; il suffit que la table ou les planches en soient entiérement couvertes. On y placera les Estampes sur lesquelles on veut faire l'opération, & on versera dessus de l'eau bouillante. Il faut avoir l'attention d'en verser partout, & comme il y a des endroits où les Estampes se recoquillent, & que les plus élevées se séchent plus vîte, on aura une éponge fine, & on se servira de l'eau qui est dans les creux des Estampes, pour en mouiller les endroits qui se séchent. Après avoir versé trois ou quatre fois de l'eau bouillante, on s'appercevera que le roux ou le jaune de l'Estampe s'attachera dessus. Il ne faut point s'en inquiéter : plus les Estampes blanchiront, plus cette espéce de rouille augmentera. Quand les Estampes seront blanchies, on les mettra dans un vaisseau quarré de cuivre ou de bois de la capacité de la plus grande Estampe ; on versera dessus de l'eau bouillante, & on couvrira le vaisseau avec du linge, ou quelque étoffe, pour bien conserver la chaleur. Au bout de cinq ou six heures cette rouille se détache & s'évapore dans l'eau. Il faut observer, avant de verser cette derniere, d'étendre sur les Estampes déja mouillées, une feuille de fort papier blanc, de crainte que l'eau bouillante ne les déchire.

Cela fait, on les étendra sur des cordes pour en exprimer l'eau ; & quand elles seront à moitié séches, on les mettra dans des feuilles de papier, ou entre des cartons qu'on chargera de quelque chose de pésant, pour qu'elles ne se recoquillent point.

Il faut que les Estampes soient bien rousses, ou bien jaunes, pour être deux jours à blanchir ; car elles blanchissent ordinairement dans un jour.

La même opération ôte toutes sortes de taches d'huile ; mais il faut y employer plus de tems. J'ai été quelquefois huit jours à en ôter une ; il est vrai qu'elle étoit de l'huile dont les peintres se servent, & qui est la plus difficile à détacher, surtout quand elle est fort invétérée. J'ai alors la précaution de ne point exposer le côté de la gravûre. Je tourne mon Estampe de crainte que l'ardeur du soleil n'en enléve la fleur.

APPROBATION.

J'Ai lû par ordre de Monseigneur le Chancelier, un Manuscrit qui a pour titre : *Catalogue des Oeuvres de Rubens, de Jordaens, & de Corneille VVischer*, dans lequel je n'ai rien trouvé qui pût en empêcher l'impression. A Paris, ce 15. Août 1750.

COYPEL.

LEs Estampes gravées d'après les Tableaux, ou les Desseins de Rubens, sont au nombre de huit cens quatre-vingt-quatorze, dont sept cent compositions différentes; le surplus ayant été gravé plusieurs fois par différents Graveurs qui ne se sont point copiés. Je comprends dans ces Estampes ou Compositions, les Portraits gravés d'après ce Peintre.

Les Camées, Cornalines & Médailles gravées d'après les Desseins de Rubens, sont au nombre de soixante & douze.

La Première Partie du Livre d'Architecture, contient soixante-sept Feuilles, & celle des Palais modernes, soixante-douze.

ERRATA.

EPît. Dédicat. pag. 2. *Artices*, lisez *Artistes*.
Page 4. (art. 15.) *Quellinu*, lisez *Quellinus*.
Ibid. (art. 18.) *sant*, lisez *sans*.
Pag. 11. (art. 14.) *copié*, lisez *copiée*.
Pag. 13. (art. 31.) *tabellula*, lisez *labellula*.
Pag. 16. (art. 49.) *Poiro*, lisez *Petro*.
Pag. 37. (art. 29.) *suis*, lisez *sui*.
Pag. 38. (art. 36.) *pedes*, lisez *Pedex*.
Pag. 46. (art. 18.) *& les malades au bas*, lisez, *& les malades sont au bas*.
Page. 48. (art. 34.) *inserebat*, lisez *inscribebāt*.

Pag. 51. (art. 1.) 'R. mettez R.
Pag. 51. (art. 2.) *Mellels*, lisez *Matheus*.
Pag. 53. (art. 19.) *Ballni*, lisez *Ballin*.
Page. 56. (art. 4.) *le même vers*, lisez *les mêmes vers*.
Pag. 57. (art. 6.) paroît *copié*, lisez *copiée*.
Pag. 71. (art. 24.) *R. G.* lisez *R. C.*
Pag. 73. (art. 33.) *& des Génies*, lisez *& de Génies*, &c.
Pag 74. (art. 37.) *paroît*, lisez *& Paroît*. Derriere *elles*, lisez *elle*.
Pag. 75. (art. 41.) *quantus*, lisez *quantus*.
Pag. 83. (art. 29.) *Mantova*, lisez *Mantua*.
Pag. 85. (art. 43.) *Volhgangus*, lisez *Wolfgangus*.
Pag. 90. (art. 5.) *du Livres*, lisez *Livre*.
Pag. 96. (art. 6.) *Breviarum*, lisez *Breviarium*.
Pag. 99. (art. 28.) *postremam*, lisez *postremùm*.
Pag. 105. (art. 2.) *planchs*, lisez *planches*.
Pag. 116. (art. 32.) *occidi*, lisez *occidit*.
Pag. 121. (art. 46.) *Recenil*, lisez *Recueil*.
Pag. 125. (art. 5.) *Coloso*, lisez *Colosse*.
Pag. 126. (lig. 8.) *Tête du mort*, lisez *Tête de mort*.

Oeuvre de CORNEILLE WISCHER.

PAGE 32. (art. 6.) *evit ille viros*, lisez *erit*.

PRIVILEGE.

LOUIS, par la grace de Dieu Roi de France & de Navarre : A nos amés & féaux Conseillers, les Gens tenans nos Cours de Parlement, Maîtres des Requêtes ordinaires de notre Hôtel, Grand-Conseil, Prevôt de Paris, Baillis, Sénéchaux, leurs Lieutenans Civils, & autres nos Justiciers qu'il appartiendra, SALUT. Notre amé PIERRE NICOLAS DE LORMEL, Libraire à Paris, Nous a fait exposer qu'il désireroit faire imprimer & donner au Public, un Ouvrage qui a pour titre : *Catalogue Raisonné des Oeuvres de Rubens, de Jordaens, & de Corneille Wisseker*. S'il Nous plaisoit lui accorder nos Lettres de Permission pour ce nécessaires. A CES CAUSES, voulant favorablement traiter l'Exposant, Nous lui avons permis & permettons par ces Présentes, de faire imprimer ledit Ouvrage, en un ou plusieurs Volumes, & autant de fois que bon lui semblera, & de le vendre, faire vendre & débiter par tout notre Royaume pendant le tems de trois années consécutives, à compter du jour de la datte des Présentes. Faisons défenses à tous Libraires, Imprimeurs, & autres personnes de quelque qualité & condition qu'elles soient, d'en introduire d'impression étrangere dans aucun lieu de notre obéissance. A la charge que ces Présentes seront enregistrées tout au long sur le Registre de la Communauté des Libraires & Imprimeurs de Paris, dans trois mois de la date d'icelles ; que l'Impression dudit Ouvrage sera faite dans notre Royaume, & non ailleurs, en bon papier & en beaux caracteres, conformément à la feuille imprimée & attachée pour modéle sous le contrescel des présentes, que l'Impétrant se conformera en tout aux Réglemens de la Librairie, & notamment à celui du 10 Avril 1725, qu'avant de l'exposer en vente, le Manuscrit qui aura servi de copie à l'impression dudit Ouvrage, sera remis dans le même état où l'Approbation y aura été donnée ès mains de notre très-cher & féal Chevalier Chancelier de France, le sieur de Lamoignon; & qu'il en sera ensuite remis deux Exemplaires dans notre Bibliothéque publique, un dans celle de notre Château du Louvre, un dans celle de notre très-cher & feal Chevalier, Chancelier de France, le sieur de Lamoignon, & un dans celle de notre très-cher & féal Chevalier Garde des Sceaux de France, le sieur de Machault, Commandeur de nos ordres; le tout à peine de nullité des Présentes. Du contenu desquelles vous mandons & enjoignons de faire jouir ledit Exposant, ou ses ayans cause pleinement & paisiblement, sans souffrir qu'il leur soit fait aucun trouble ou empêchement. Voulons qu'à la copie des Présentes qui sera imprimée tout au long au commencement ou à la fin dudit Ouvrage, foi soit ajoutée comme à l'original. Commandons au Premier notre Huissier ou Sergent sur ce requis, de faire pour l'exécution d'icelles tous Actes requis & nécessaires, sans demander autre permission, & nonobstant clameur de Haro, Chartre Normande, & Lettres à ce contraires. CAR tel est notre plaisir. DONNE' à Arnouville, le vingt-cinquiéme jour du mois de Juin, l'an de grace 1751, & de notre Regne le trente-sixiéme. Par le Roi en son Conseil, SAINSON.

Registré sur le Registre XII. de la Chambre Royale des Imprimeurs & Libraires de Paris, N°. 600. fol. 468. conformément aux anciens Réglemens, confirmés par celui du 28 Février 1723. A Paris le 8 Juillet 1751. LE GRAS, *Syndic.*

www.ingramcontent.com/pod-product-compliance
Ingram Content Group UK Ltd.
Pitfield, Milton Keynes, MK11 3LW, UK
UKHW021125220726
13924UKWH00004B/1918

9 782019 726089